LE CURÉ DE BRETENOUX

Mes Quarante-cinq Jours de Prison

Prix : 1 fr. 50

CAHORS
SOCIÉTÉ D'IMPRIMERIE CADURCIENNE
1904

QUATRIÈME MILLE

LE CURÉ DE BRETENOUX (Lot)

MES

Quarante-cinq Jours de Prison

PRIX : 1 fr. 50

CAHORS

SOCIÉTÉ D'IMPRIMERIE CADURCIENNE

1904

Mes Quarante-cinq Jours de Prison

CHAPITRE PREMIER

OBSERVATIONS PRÉLIMINAIRES

« S'entendre accuser de crimes ignobles dont on est « innocent ; se voir arrêter et traîner en prison ; y être « maintenu au secret pendant quarante-cinq jours ; se « demander avec angoisse si ses amis les meilleurs ne « seront pas assaillis par le doute ; songer au scandale « que la Presse maçonnique va provoquer partout en « exploitant ces odieuses calomnies ; comparaître de- « vant un tribunal entre quatre gendarmes et recevoir « sur sa soutane de prêtre les éclaboussures qu'y jettent « à pleine bouche des témoins à charge et un avocat « général...... Quel martyre ! » (1).

L'ami qui écrivait ces lignes au lendemain de mon acquittement s'est rendu un compte bien exact des impressions qui assiégèrent mon cœur dès les premiers moments de l'horrible épreuve. Le sacrifice de la vie m'eût paru moins dur que celui de l'honneur et j'enviai le sort des martyrs auxquels on donnait la mort sans essayer de les déshonorer. Nos sectaires modernes, peu difficiles, en ce qui les concerne, pour tout ce qui touche à l'honneur, n'ignorent pas combien ce sentiment est cher à leurs adversaires ; aussi ne se contentent-ils pas

(1) Journal *La Défense* ; n° du 20 mars 1904.

de frapper leurs victimes, ils veulent surtout se donner la joie de les salir. C'est ainsi qu'on a pu les voir, depuis quelques années, couvrir de leur bave immonde tout ce qui gêne la réalisation de leurs mauvais desseins: la magistrature, l'armée, les communautés religieuses, le clergé.

Les païens paraient leurs victimes et les enguirlandaient de fleurs avant de les égorger ; les persécuteurs de nos jours les revêtent d'abord de la robe d'ignominie ; ils savent qu'ils les feront ainsi mourir deux fois, et espèrent par là diminuer aux yeux du public l'horreur de leurs infâmes attentats, en les couvrant d'une apparence de légalité.

Mais les machinations les mieux ourdies ne réussissent pas toujours ; quel que soit notre affaissement moral, il reste encore au cœur du citoyen Français un instinct de justice qui le fait bondir d'indignation, quand, magistrat d'un jour, assis au banc du Jury, il voit passer devant lui des accusateurs dont l'attitude seule l'édifie. En son âme et conscience, sans autre préoccupation que de faire bonne justice, le Jury qui, grâce à Dieu, n'est au service que de la vérité, et n'a rien à risquer, aucun « fait du Prince » à considérer, repousse du pied le monceau d'ordures posé devant lui, et, dans un geste de dégoût, il proclame à l'unanimité l'innocence de la victime.

Si la victime est innocente, les accusateurs peuvent-ils l'être ? Il y a dans notre législation, pourtant si compliquée, une grande lacune, et ce n'est pas la seule. L'affaire de Bretenoux qui, par une admirable disposition de la Providence, n'aura été bonne que pour l'accusé, a montré aux moins clairvoyants qu'on peut, sous la foi du serment, errer en cour d'assises.

On y a entendu un témoin opposer un démenti formel à une question que M. le Président n'avait pas encore formulée : on ne l'a pas arrêté. On y a vu cinq malheureux jeunes gens préciser une accusation ignoble dont un registre officiel démontrait matériellement la fausseté : on ne les a pas arrêtés. Cinquante témoins honorables ont apporté la preuve d'un plan organisé, de promesses faites, de salaires offerts et reçus ; des noms propres ont été prononcés : il paraît qu'on n'avait pas à les entendre !

Mais voici qui est encore plus surprenant ! Un des accusateurs soutient son dire avec effronterie ; pour confondre ses contradicteurs il bâtit de toutes pièces un roman qui ne manque ni de vraisemblance ni d'habileté ; l'accusation publique triomphe et menace de la prison le témoin honnête et véridique qui maintient énergiquement son affirmation ; l'avocat général s'indigne : « Il y a ici un menteur ! s'écrie-t-il ; je donne ma parole d'honneur que le jour où je le connaîtrai, je requerrai moi-même contre lui toutes les rigueurs de la Loi ! » Moins de quinze jours plus tard, le menteur est connu ; il est obligé d'avouer, et on ne le poursuit pas ! M. le Procureur de la République écrit : « Il est vrai qu'un tel avoue *s'être trompé* » ; mais il estime qu'il n'y a pas là de quoi mettre en mouvement l'Action publique. Pourquoi ne pas tout faire pour découvrir la vérité, pourquoi négliger le moyen d'y arriver ? En aurait-on eu peur ?

Et voilà comment les accusateurs ne sont jamais poursuivis.

L'Action publique qu'une lettre anonyme suffit à mettre en mouvement contre un prêtre connu et estimé demeure inactive contre le faux témoin qui l'accuse.

La Presse impartiale ne cesse de réclamer des poursuites; je lui serais bien reconnaissant de m'indiquer par quels moyens on pourrait les obtenir.

En attendant, l'assurance de l'impunité est une prime d'encouragement aux misérables et la série n'est pas près d'être close des religieux et des prêtres innocents qu'on traînera en prison.

Si, par suite de l'immobilité de l'Action publique, il m'est impossible de faire poursuivre mes accusateurs, nul ne me contestera au moins le droit de parler, de raconter tout ce que j'ai ressenti, vu et entendu pendant mes quarante-cinq jours de captivité. Ce qui se passe dans les prisons est ignoré de beaucoup de monde; ceux qui en sortent n'aiment pas à en parler et ne s'en vantent guère; personne ne tient à y aller voir. Et cependant, dans l'état actuel de notre société française, quel est l'honnête homme qui peut être sûr qu'on ne l'emprisonnera pas demain? Il est donc non seulement intéressant mais il peut être même fort utile de se mettre au courant de ces choses, car, en prison comme partout ailleurs, un homme averti en vaut deux. Il ne sera pas dit qu'à l'impunité des accusateurs se soit ajouté le silence de la victime.

CHAPITRE II

COMMENT AUJOURD'HUI UN PRÊTRE SE COMPROMET EN FAISANT SON DEVOIR

Je n'ai jamais été et ne voudrai jamais être un homme politique; je ne me suis pas davantage considéré comme un fonctionnaire aux gages du gouvernement, obligé d'approuver ou de paraître approuver par un silence coupable toutes les mesures qu'il lui plaira de prendre contre la Religion dont je suis le ministre... Evidemment tous les prêtres dignes de ce nom pensent comme moi.

Prêtre seulement, curé chargé de la direction spirituelle de la paroisse confiée à mes soins, je n'ai eu d'autre souci que la défense des intérêts religieux.

Lorsque, il y a quinze ans, je pris possession de la paroisse de Bretenoux, l'école communale de filles dirigée par les religieuses de N.-D. du Calvaire de Gramat, venait d'être laïcisée. La mesure avait été prise d'une manière particulièrement odieuse, sur l'initiative du Conseil municipal, par cinq voix contre cinq, deux conseillers s'étant abstenus. Seule, la voix prépondérante du maire fit pencher la balance contre les religieuses. Ceci se passait pendant la vacance de la cure : dès le premier jour, cinquante-cinq élèves s'asseyaient sur les bancs de la nouvelle école laïque.

Les adversaires de l'Enseignement chrétien ne cachaient pas leur joie et disaient bien haut que le couvent ne rouvrirait pas ses portes. Le nouveau curé, arrivé en janvier 1889, ne fut pas de cet avis et dès le 19 mars, fête de Saint-Joseph, l'Ecole libre chrétienne était fondée. Elle commença modestement avec une trentaine d'élèves ; à la rentrée suivante, en octobre, elle en eut plus de quatre vingts : l'œuvre était populaire mais son fondateur devint suspect. Il ne fit pourtant jamais une bien active propagande ; on ne le vit pas courir de maison en maison à la recherche des élèves ; il se contenta de prôner, comme c'était son devoir, les avantages et la nécessité de l'enseignement chrétien ; il fit ressortir ce que l'absence de Dieu laisserait de vide dans le cœur de la jeune fille, l'importance de lui donner de bonne heure les habitudes de prière et de piété qui seraient un préservatif puissant pour sa vertu. La population de Bretenoux est intelligente, elle comprend les enseignements qui lui sont donnés, elle sait les mettre en pratique ; les partisans de l'école sans Dieu ne tardèrent pas à s'apercevoir que le terrain cédait sous leurs pas.

Au commencement de 1902, l'horizon s'assombrissait de plus en plus : il devenait évident pour les esprits les moins clairvoyants que l'existence même des communautés religieuses était menacée et que leurs écoles surtout allaient être bientôt fermées. Le curé de Bretenoux prit pour thème de ses conférences du Carême « La Vie Religieuse ». Il en dit les glorieuses et antiques origines ; il essaya d'en faire admirer les bienfaits ; il poussa l'audace jusqu'à parler des conséquences lamentables qu'entraînerait, au point de vue social, sa disparition.

Les communautés contemplatives, charitables et enseignantes eurent chacune leur part : à propos de ces dernières, il était difficile de ne pas parler de l'Enseignement chrétien et du devoir qui incombait aux catholiques de défendre la liberté précieuse entre toutes de faire donner à leurs enfants une éducation en rapport avec leurs croyances.

Le curé croyait de très bonne foi traiter une question essentiellement religieuse : il paraît qu'il faisait de la politique. On veut bien nous enlever une à une toutes nos libertés, mais on ne tient guère à ce que les fidèles en soient avertis d'avance. Les politiciens ne cessent depuis vingt ans leurs incursions dévastatrices sur le terrain religieux ; au moindre geste de résistance de notre part, ils nous accusent de nous occuper de politique : c'est la vieille querelle du loup et de l'agneau.

Les pères de famille de Bretenoux se le tinrent pour dit et lorsque un peu plus tard on vint leur demander de prêter leur concours à l'abrogation de la Loi Falloux, à l'expulsion des « moines ligueurs » ou des « moines d'affaires », ils surent ce que parler voulait dire : pour la première fois depuis bien longtemps leurs suffrages allèrent en majorité aux vrais amis de la liberté.

On me fit le dangereux honneur de m'attribuer ce résultat : le 16 juillet suivant, par lettre de M. le Président du Conseil, ministre de l'Intérieur et des Cultes, mon indemnité concordataire fut supprimée. Cette lettre ministérielle est un document très suggestif, où se dévoile l'état d'esprit de ceux qui l'ont inspirée.

Le curé de Bretenoux y est représenté sous les couleurs les plus noires : on y fait savoir à « Monsieur l'Evêque » que ce n'est pas la première fois que l'Administration a dû s'occuper de ce prêtre qui « par ses in« corrections répétées semble avoir véritablement pris « à tâche de jeter et d'entretenir la discorde dans sa « paroisse. » Le morceau vaut la peine d'être connu ; oyez plutôt : « Adversaire déclaré de nos institutions « et notamment de l'Enseignement de l'Etat, ce « prêtre ne cesse de s'immiscer dans les questions les « plus étrangères à son ministère. Il intervient dans « toutes les élections, faisant de son presbytère le siège « d'un comité politique, attaquant sans relâche les re« présentants des pouvoirs constitués, *organisant des « bagarres sanglantes* comme celle du 14 juillet 1900 « qui eut son dénouement devant les tribunaux. Il met « l'influence qu'il tient de son caractère et de ses « fonctions au service de ses passions et de ses inimi-

« tiés personnelles. Il ne me paraît pas possible que « vous ignoriez cette situation dont tous les détails « m'ont été révélés par des plaintes multiples signées « de très nombreux témoins dont j'ai les déclarations « sous les yeux. J'ajoute que M. Delrieu n'a pas man- « qué de saisir l'occasion que lui offraient les dernières « élections législatives pour donner libre cours à ses « sentiments et se lancer sans aucune réserve dans la « lutte des partis.

« Non content d'exercer sur ceux des électeurs qui « dépendaient de lui à un titre quelconque une pres- « sion abusive, non content de recourir à toutes les « vexations possibles à l'égard des fidèles dont les opi- « nions lui étaient suspectes, cet ecclésiastique a encore « transformé son église en un lieu de conférences poli- « tiques et la chaire est devenue pour lui une tribune « du haut de laquelle il n'a pas craint de dicter à ses « paroissiens le sens de leurs votes ».

Ce réquisitoire évidemment inspiré par le maire de l'époque est un tableau fidèle, non pas des agissements du curé, mais de ceux de M. le maire lui-même, auquel j'ai le droit d'appliquer avec une légère modification le vers bien connu : « Vous prêtez méchamment vos qualités aux autres ».

Allez vous étonner après cela que son Excellence M. le Président du Conseil des Ministres, dont je n'ai pas l'honneur d'être connu par ailleurs, ait senti le besoin de supprimer mon traitement, et même, au mépris de mon inamovibilité, de demander mon déplacement avec disgrâce. Si vraiment M. Combes m'a cru tel que me dépeignaient devant lui ces nombreux témoins qu'il serait intéressant de connaître et dont on a tu soigneusement les noms, comment expliquer qu'il n'ait pas encore été plus sévère ? Un curé qui fomente la discorde dans sa paroisse, qui exerce une pression abusive sur les électeurs, qui recourt à toutes les vexations possibles contre ceux qui ne lui reviennent pas, qui va jusqu'à organiser des bagares sanglantes, mais il mérite plus qu'une sanction pécuniaire ou qu'un déplacement banal ! Malgré les plaintes multiples et les nombreux témoins, M. Combes a dû avoir des doutes et a trouvé plus commode de me juger sans m'entendre et de me condamner sans procès. Il y eut pourtant un semblant d'enquête. M. le Sous-Préfet de Figeac vint à Bretenoux et entendit à la Mairie quelques témoins soigneusement triés : M. le maire, son fils, le mastroquet « de la nuance », un ou deux fonctionnaires zélés, et les conseillers municipaux bon teint ; le curé ne fut pas cité, ses amis et lui n'apprirent que le lendemain ce qui s'était passé. N'est-il pas triste de penser que c'est sur de pareilles bases qu'un gouvernement républicain bâtit un réquisitoire comme celui que l'on vient de lire !

Ceci se passait en juin 1902. L'année suivante, aux environs de Pâques, je vis venir à moi un conseiller municipal de ceux qui avaient mis leur signature au bas de l'ukase préfectoral. Son attitude était très humble et il y avait presque des larmes dans sa voix. — « M. le curé, me dit il, vous devez être étonné de me voir ici. » — « ?... » — « Vous savez certainement que j'ai fait contre vous ce que je ne devais pas faire, et que je suis un de ceux qui ont signé pour demander la suppression de votre traitement ». — « Oui, répondis-je, je m'en doutais un peu. » — « Eh bien, je tiens à ce que vous sachiez que j'ai été trompé et que j'ai signé votre condamnation sans le savoir. » Comme une pareille déclaration me laissait rêveur, mon interlocuteur continua :

« J'étais à travailler dans mes terres quand on vint me « chercher pour me rendre à la mairie. J'y trouvai « réunis M. le sous-préfet, M. le maire et quelques « autres. On me pria d'apposer ma signature au bas « d'une pièce que ces messieurs avaient déjà signée. « Sur le désir que j'exprimai de savoir ce que l'on me « proposait ainsi d'attester, il me fut répondu qu'il « s'agissait seulement de certifier que M. l'abbé Magne « candidat aux dernières élections législatives, avait « fait une conférence publique au café Bergues, pendant « la période électorale. J'observai que je n'avais pas « assisté à cette conférence et que je n'avais pas vu « l'abbé. Mais vous savez bien qu'il y est venu, me dit- « on, vous l'avez bien entendu dire, cela suffit, signez « donc. Je l'avais entendu dire, en effet, et je signai sans « plus de résistance. »

Le bonhomme me disait cela d'un air si contrit, il y avait tant d'émotion dans sa voix quand il implora mon pardon que je me sentis ému moi-même. Ce fut une scène attendrissante; j'aurais pu l'embarrasser de questions gênantes pour lui, poser quelques conditions, il n'en fut rien; je voulus être tout à fait bon prince : nous nous embrassâmes comme de bons amis, tandis que je lui disais : Si Dieu vous pardonne comme je le fais moi-même, soyez sans crainte, ce n'est pas cela qui vous damnera. De deux choses l'une, ou cet homme a menti, ce qui est bien possible car il est demeuré l'ami de ceux qui l'auraient si indignement trompé, ou les enquêtes officielles se font à Bretenoux de bien étrange façon.

L'indemnité Concordataire était supprimée, mais la population catholique, dans un beau geste de généreuse indignation, l'avait spontanément rétablie et plus que jamais le curé se sentait attaché à ses paroissiens. Un de ses amis allant un jour à Cahors eut la bonne fortune de rencontrer en wagon le maire qui se rendait au Conseil général; il l'entendit se féliciter auprès de ses compagnons de route du prochain départ de son curé: « Il faudra bien qu'il s'exécute, disait-il en substance, car le gouvernement m'a promis qu'il refuserait à l'évêque d'agréer aucune de ses nominations tant que le curé de Bretenoux n'aura pas été changé ».

Deux jours plus tard, le propos me fut rapporté, mais je n'y ajoutai pas grande importance, le considérant comme une vantardise de la part d'un homme que je savais depuis longtemps ne douter de rien. Comment pouvais-je supposer, en effet, que le gouvernement d'un grand pays comme la France allait se buter contre un petit personnage tel que moi, jusqu'à faire dépendre de mon déplacement la vie religieuse de tout un diocèse?

Le vrai peut quelquefois n'être pas vraisemblable. M. le maire ne s'était pas vanté. Monseigneur l'évêque de Cahors ne tarda pas à recevoir, de la direction des Cultes, l'ultimatum annoncé. Sa Grandeur eut beau présenter les observations les plus sages, rien n'y fit.

La situation devenait délicate; il répugnait au chef du diocèse de déplacer un prêtre qu'il savait estimé de sa paroisse et poursuivi seulement par la rage de quelques sectaires désireux de se débarrasser de son influence; d'un autre côté, plusieurs cures importantes, parmi lesquelles celles de la cathédrale, étaient en souffrance depuis plus d'un an. — Le curé de Bretenoux fut sollicité de donner sa démission. — Sans doute, il arrive parfois que, pour le bien d'une paroisse, pour raison de pacification ou par simple motif de prudence, l'autorité ecclésiastique et l'autorité civile s'entendent en vue du déplacement d'un curé inamovible, en lui assignant un poste également fixe. Je dois déclarer qu'une cure de deuxième classe me fut offerte en cette circonstance; mais les raisons mises en avant ne me parurent pas suffisantes pour obtenir mon consentement. — C'était, à mes yeux, sacrifier le principe de l'inamovibilité des doyens; c'était fournir un précédent fâcheux à tous les tyranneaux de village qui voudraient se débarrasser de leur curé; c'était donner satisfaction à une minorité remuante et sectaire, au détriment de la partie sage de la population qui, par une manifestation publique, revêtue de sept cents signatures, et par les sacrifices qu'elle s'imposait volontairement, témoignait de son désir de garder son pasteur.

Sans donc opposer un refus formel qui répugnait à son âme sacerdotale, le curé fit respectueusement valoir ses raisons : « Si nous étions, écrivait-il, dans des circonstances moins critiques que celles où se débat en ce moment l'Eglise de France, si je pouvais espérer que mon sacrifice serait un remède efficace aux difficultés auxquelles est en butte l'administration diocésaine, je me serais volontiers immolé au bien public. Malheureusement il n'en est pas ainsi.... Le principe de de l'inamovibilité une fois entamé, les exigences gouvernementales ne connaîtraient plus de bornes et le chantage recommencerait à tout propos... Je n'ai jamais fait de politique; seules les questions religieuses ont été l'objet de mon enseignement; j'ai éclairé les esprits et j'ai réussi à les détourner des ennemis de nos croyances sans jamais faire une personnalité.... Je suis devenu pour les sectaires du canton une puissance redoutable dont ils ont juré de se débarrasser *à tout prix* (ils me l'ont bien fait voir !) L'opinion publique est avec moi;

mes paroissiens qui savent que je suis inamovible ne me pardonneraient pas de les abandonner.... L'impression produite par mon départ serait déplorable au point de vue religieux et plongerait dans la stupeur et le découragement les âmes les meilleures.... La diplomatie de l'Eglise n'est-elle pas faite de temporisation? Le temps apportera avec lui le remède.... » Il l'apporta en effet. La Direction des Cultes finit-elle par comprendre le ridicule et l'odieux du rôle qu'on lui faisait jouer? toujours est il qu'en novembre 1903, les nominations présentées par Monseigneur l'Evêque de Cahors commencèrent à être agréées, et, au grand soulagement de mon âme, la vie religieuse reprit son cours ordinaire dans le diocèse. Ce fut une grande joie pour mon cœur, car j'avais souffert, plus que je ne saurais le dire, de me voir devenu, bien contre mon gré, un obstacle à l'administration diocésaine. Pendant vingt deux ans de vie sacerdotale j'étais demeuré fidèle au principe que mon directeur du grand séminaire, le bon Père Gillot, homme de profond bon sens, m'avait inculqué : « Ne rien demander, ne rien refuser. » Pour que je ne me hâte pas de signer la démission qui m'était demandée il fallut bien que les inconvénients, que j'étais le seul à bien connaître, m'en parussent d'une exceptionnelle gravité.

L'épreuve avait été dure; la rage de mes persécuteurs m'en réservait encore une meilleure.

Pendant que j'étais en butte à toutes ces tracasseries, je m'étais plus d'une fois réjoui intérieurement de ce que mon honneur sacerdotal était laissé intact ; j'avais même eu le tort de le faire remarquer avec une certaine complaisance : « Pour se débarrasser de moi, disais-je avec un sourire de satisfaction, ils mettent en avant bien des mensonges, mais ils n'osent pas me jeter l'outrage suprême, celui que redoute par dessus tout le prêtre du Dieu d'infinie pureté. » Hélas ! je ne connaissais pas encore toute l'étendue de leur malice : il ne leur restait que ce moyen pour atteindre leur but, ils devaient fatalement y recourir. Quand l'homme est sous l'empire d'une grande passion, elle le domine tout entier et le pousse aux pires excès.

Au commencement du Carême de 1903, le bruit se répandit dans la paroisse que je ne serais plus là pour la fête de Pâques; cette fête une fois passée, il fut entendu que l'affaire serait réglée avant le 15 août; c'était mon successeur qui devait présider à la procession de ce jour-là : il n'en fut rien. Mais le soir de ce même 15 août, deux braves enfants de Marie m'abordent en disant : « Prenez garde, monsieur le curé, on ne veut pas que vous soyez ici aux élections de mai, et nous venons d'entendre un tel qui parle de vous faire enfermer. » Je ne vis pas tout de suite la gravité de ce propos et ma tranquillité n'en fut pas troublée. Un peu plus tard, de sourdes rumeurs circulèrent de nouveau : on préparait un grand coup, un coup qui étonnerait bien du monde et dont ne se relèverait pas celui qui en serait frappé. Il était évident que ce coup ne pouvait être dirigé que contre moi, mais habitué depuis la suppression de mon traitement à ces menaces périodiques, je n'y prêtais plus grande attention et ce fut avec la plus grande tranquillité d'esprit qu'au matin du 1er janvier 1904 j'offris du haut de la chaire, à tous mes paroissiens sans exception, mes meilleurs souhaits de bonne année.

CHAPITRE III

L'ARRESTATION

Le 31 janvier 1904 était le dimanche de la Septuagésime : l'Eglise revêtait ce jour-là ses vêtements de deuil et retranchait de ses chants liturgiques le joyeux *Alleluia*. Elle avait mis sur mes lèvres à la messe du matin ces paroles du Roi-Prophète :

« Les gémissements de la mort et les douleurs de « l'Enfer m'ont entouré.... Seigneur, vous êtes ma « force et mon refuge, vous serez mon libérateur. »

J'étais loin de me douter que ces paroles prophétiques étaient si près de recevoir en moi une nouvelle réalisation.

Tandis qu'au presbytère une douce gaîté présidait au déjeuner de midi, que partagaient avec mon vieux père M. le Président de la Fabrique et un ami dont j'allais bientôt connaître tout le dévouement, une voiture s'arrêtait à la porte de la mairie de Bretenoux. Il en descendit trois messieurs qui firent appeler M. le maire et la sinistre besogne commença. Quand, vers deux heures, je me rendis à l'église pour les vêpres, je ne pris pas garde qu'il y avait un peu plus d'animation qu'à l'ordinaire dans nos rues et que les gens s'interrogeaient déjà avec une certaine anxiété. Une minute seulement avant de commencer l'office, les enfants de chœur me dirent dans la sacristie : « M. le curé, il y a des messieurs étrangers à la mairie et ils y ont fait venir un « tel et un tel. » Je sentis au cœur une vague appréhension; pendant le chant des vêpres je me disais à moi-même : Serait-ce là le grand coup annoncé? J'avais pourtant de la peine à y croire; il n'entrait pas dans mon esprit qu'on en pût venir à un tel degré de malice et d'abjection.

Connaissant la rage de mes adversaires, ou plutôt des adversaires des principes religieux que je défendais, à leur gré, avec trop de succès, je m'attendais à tout et mes familiers le savaient bien. Je m'étais plus d'une fois mis en face de l'éventualité d'accusations ignobles qui pourraient être portées contre moi, mais je m'étais dit : « Non, alors même qu'un misérable en aurait l'idée et voudrait essayer de l'exécuter, il ne le pourrait pas. Je connais mes enfants, il ne s'en trouvera pas un capable d'une pareille infamie ». On n'avait pas trouvé d'enfants, en effet, et je n'avais pas prévu qu'on aurait recours à des jeunes gens de dix-huit à vingt ans, chez lesquels, quand ils y sont d'ailleurs préparés de longue main, il est plus facile de faire vibrer les cordes des plus dangereuses passions.

Les vêpres finies, j'avais eu à peine le temps de quitter mon habit de chœur que le valet de ville se présente à la porte de la sacristie, et avec, au coin des lèvres, un sourire de satisfaction à peine réprimé : « M. le curé, me dit-il, M. le Procureur de la République vous attend à la mairie ». Sans prendre même le temps de passer au presbytère, je m'empressai de répondre à cet appel. Quelques braves gens déjà au courant de l'odieuse machination essayent de m'arrêter au passage ; ils ne veulent pas me laisser aller seul et insistent pour m'accompagner. Je les en dissuadai de mon mieux et je me hâtai vers la salle où j'étais attendu. Dès mon entrée, mon regard s'arrêta sur un vieillard aux allures patriarcales, dont une superbe barbe blanche couvrait la poitrine ; le prenant pour M. le Procureur, ce fut devant lui que je m'inclinai tout d'abord. Le brave homme ahuri de tant d'honneur, me déclara n'être qu'un modeste greffier et me montra d'un geste le vrai Procureur. C'était un tout jeune homme, d'apparence fort aristocratique, correct jusqu'à la raideur, mais s'efforçant d'adoucir par l'impeccabilité des formules la rigueur de la mission qu'il avait à remplir. Assis, non pas à distance ainsi qu'il eût convenu, mais tout à fait à côté de lui, comme un bon camarade, j'aperçus l'être abject que l'accusateur public lui-même devait plus tard jeter par dessus bord, tant étaient grands le dégoût et le mépris qu'il lui inspirait. La présence de cet homme, qui avait fait déjà auprès de moi quelques tentatives de chantage demeurées infructueuses, me fit prévoir la nature des accusations dont j'allais être l'objet. On se hâta de le congédier et je demeurai seul devant ce petit sanhédrin, que complétait un juge d'instruction peu décoratif, très jeune lui aussi, et dont la pitoyable inexpérience allait aggraver singulièrement mon horrible épreuve.

Au souvenir de ce qui se passa alors dans cette salle de mairie, mon cœur bondit encore d'indignation et ma main se refuse à tenir la plume. Il faut avoir vécu de pareils instants pour pouvoir se faire une idée des sentiments qui, en de telles circonstances, envahissent une âme de prêtre conscient de ses devoirs et pouvant se rendre le témoignage de les avoir remplis de son mieux.

Après plus de vingt ans de vie sacerdotale qu'aucun soupçon injurieux ne vint jamais effleurer; après avoir été appelé par la confiance de son évêque, de ses confrères et des éducateurs de la jeunesse aux travaux les plus délicats du saint ministère : retraites de premières communions, de pensionnats, de congrégations d'Enfants de Marie; après avoir passé comme missionnaire dans de nombreuses paroisses qui, malgré les années écoulées, se souviennent encore et profitent de toutes les occasions pour en témoigner leur respectueuse reconnaissance; après avoir passé quinze ans dans la même paroisse, s'y être dévoué sans compter aux œuvres de charité, n'y avoir eu d'autre préoccupation que le bien des âmes, ne s'être laissé arrêter dans son apostolat par aucune considération humaine, ni par le stupide souci d'un avancement possible, ni par les menaces des sectaires, ni par la suppression de son traitement, ni par les foudres des modernes apostats; après cela, dis-je, se voir brutalement appréhendé comme un criminel, s'entendre accuser par les représentants officiels de la Justice humaine comme le dernier des misérables! Dieu, qui permet de pareilles épreuves, peut seul donner la force de les supporter : toutes mes énergies naturelles n'y auraient pas suffi.

Sans que je me rendisse encore bien compte de toute l'horreur d'une pareille situation, un tel anéantissement s'empara de tout mon être qu'à partir de ce dimanche soir jusqu'au surlendemain, fête de la Purification de la T. S. Vierge, mes souvenirs ne sont plus précis. Comme au sortir d'un affreux cauchemar on frémit encore à mesure que les détails en reviennent à l'esprit, je les retrouve un à un et j'en suis angoissé!

Le juge d'instruction m'avait donné lecture de six dépositions à peu près identiques que mes accusateurs avaient dû réciter devant lui comme une leçon mal apprise. L'un d'eux même ne l'avait certainement pas récitée du tout, car c'est un pauvre « Innocent », incapable de proférer une phrase entière. Qui donc lui avait suggéré cette déposition correcte, en tout point semblable aux autres? Le juge comprit sans doute lui-même que c'était là un témoin compromettant, car j'eus, plus tard, le regret de constater que l'« Innocent » n'avait pas été retenu comme accusateur. — Oh ! l'horrible supplice que cette ignominieuse lecture ! Tout mon être se soulève encore de dégoût à la pensée qu'il puisse se trouver des êtres capables de soutenir de pareilles infamies !

A chaque nom qui m'était révélé, mon écœurement allait grandissant : c'étaient, à deux exceptions près des jeunes gens dont je ne m'étais occupé que pour soulager leur misère et celle de leurs parents; des jeunes gens dont l'enfance s'était passée aussi loin de moi que possible; pas un qui eût aimé à fréquenter l'église; pas un en qui j'eusse jamais remarqué cet instinct charmant, que l'on trouve en beaucoup de jeunes enfants, de se presser autour du prêtre; pas un qui eût été enfant de chœur ! Pour tous, dès le premier instant, il me fut facile de deviner par quels moyens et pour quels motifs on les avait décidés à jouer le rôle qu'ils inauguraient ce jour-là.

Comment l'instruction n'y a-t-elle pas pris garde ?

Elle aurait pu savoir, comme je l'ai su depuis et comme la population toute entière le savait déjà, dans quel milieu ces jeunes gens vivaient depuis quelque temps, l'emploi qu'ils avaient fait de leurs soirées d'hiver; elle aurait pu leur demander raison de cette parole significative de l'un d'eux à qui on parlait des dépenses excessives qu'il devait faire : « Nous ne dépensons pas d'argent, nous en avons de quitte. » Elle aurait surtout insisté sur une question qu'il eût été si naturel de poser et qui ne l'a jamais été : Pourquoi, après avoir gardé le silence pendant six, sept et huit ans, vous êtes vous décidés à parler seulement maintenant? Qui, qui surtout vous en a donné l'idée et vous y a engagés ?

Il y avait, en tout cela, des présomptions, des invraisemblances que le Juge de Paix auteur de la première enquête aurait dû scruter, et que les autres ne surent point voir. On n'entendit pas davantage mes dénégations indignées; on ne vit pas avec quel mépris je me redressai sous le fardeau de leurs ignobles accusations.

Cependant le Procureur y mettait des formes. Sa mission était pénible à remplir, me disait-il d'une voix émue, mais il était dans l'obligation de l'accomplir jusqu'au bout et de me dire qu'il faudrait l'accompagner ce soir même à Figeac; il était près de quatre heures, on partirait par le train de cinq. La formule était si adoucie que je n'en saisis pas toute la portée. Aussi fus-je bien étonné de l'embarras que manifestèrent ces messieurs quand je leur dis tout naturellement mon intention de passer au presbytère pour y prendre certains objets indispensables au voyage.

Des bruits menaçants nous arrivaient de la rue; un moment la porte de la mairie fut fortement secouée; le procureur jeta de la fenêtre un regard au dehors et manifesta son appréhension d'une émeute possible.

Le Juge d'Instruction et lui se concertèrent un instant, visiblement embarrassés; ils convinrent que je me rendrais au presbytère en leur compagnie et non entre deux gendarmes, sans doute pour ménager les susceptibilités de la foule dont ils redoutaient l'explosion. La porte de la salle s'ouvrit; alors seulement j'aperçus les gendarmes en tenue de campagne.

Aussi peu au courant que je fusse de toutes les formalités judiciaires, je compris à ce moment que j'étais l'objet d'une arrestation qu'on avait voulu rendre solennelle et que c'était en prison qu'on voulait me conduire. La foule le savait déjà.

Plus perspicace que les représentants de la loi, elle avait vu clair tout de suite dans l'horrible machination dont j'étais victime, elle manifestait bruyamment son indignation. Sur un mot du procureur, les gendarmes me laissèrent aller en avant entre celui-ci et le Juge d'Instruction.

Nous entrâmes tous les trois au presbytère : en quelques minutes j'eus reçu de ma domestique, muette d'émotion, les objets demandés et nous redescendîmes pour le départ. Les deux gendarmes gardaient la grande porte de la maison devant laquelle la foule s'était amassée plus compacte ; sur le désir que m'en exprima le Procureur, toujours peu rassuré, j'adressai quelques mots à ces braves gens, leur recommandant d'être calmes et de laisser agir la Justice dont je croyais n'avoir rien à redouter. Nous traversâmes alors le jardin curial pour aller sortir du côté opposé, par la petite porte qui ouvre sur la route nationale. Ma fidèle population s'aperçut du mouvement et eut vite fait de se porter au devant de nous : on m'a assuré qu'il y avait en ce moment près de quatre cents personnes.

En moins de temps qu'il ne faut pour le dire, une quarantaine d'hommes s'emparèrent de moi et m'entraînèrent malgré ma vive résistance ; c'est alors que je vis un gendarme, revolver au poing, en menacer mon jeune sacristain et j'entendis le brave garçon lui répondre en découvrant sa poitrine : « Tuez moi, si vous voulez, mais je n'abandonnerai pas M. le curé. »

L'imprudent gendarme fut écarté du chemin et je fus porté plutôt que conduit dans la maison de l'excellent docteur Ayroles, où l'on me déposa sur un canapé.

Ma première impression fut celle d'une soif ardente : au *Sitio* qui tomba de mes lèvres on ne répondit pas en m'offrant du vinaigre mêlé de fiel : il est vrai que je n'étais pas entouré de bourreaux.

Je n'oublierai jamais le déchirant spectacle qu'offrait, en ce moment, le salon hospitalier. Des hommes seulement m'y avaient accompagné; plusieurs agenouillés devant moi pleuraient à chaudes larmes; d'autres me serraient dans leurs bras avec désespoir ; quelques uns essayaient de parler et leur voix était arrêtée par les sanglots; dans les yeux de tous, on lisait la stupeur et l'indignation où les plongeait la pensée qu'un si monstrueux attentat fût possible. — « Vous ne partirez pas. » — « Nous vous garderons. » — me disaient-ils à travers leurs larmes.

Dans la générosité de leur cœur, ils ne songeaient pas aux graves conséquences d'une résistance d'ailleurs inutile. On ne résiste pas à la force publique — Voilà pourquoi le peuple souverain a tout intérêt d'en choisir avec un soin extrême les dépositaires.... — Pauvre souverain d'un jour qui n'exerce sa souveraineté que pour se donner des maîtres dont il sera la première victime s'il ne les choisit d'une incontestable intégrité !

Qu'étaient devenus pendant ce temps et les membres du Parquet et les gendarmes ? je ne l'ai pas su. Non point par égard pour moi, comme le dira plus tard en Cour d'assises M. l'avocat général, mais pour éviter des troubles sérieux et peut-être aussi pour se tirer plus prestement d'un danger dont il s'exagérait la gravité, M. le Procureur avait consenti à me laisser partir pour la gare en compagnie de deux amis dont le dévouement et l'intelligence devaient aider puissamment à démasquer mes accusateurs : M. Amédée Trassy, notaire, et M. le docteur Ayroles. Ce fut dans la voiture de ce dernier que s'accomplit le triste voyage. Comment dépeindre l'attitude consternée de mes paroissiens en ce moment du départ : les scènes de désolation dont je fus le témoin et l'objet se gravèrent pour toujours dans mon cœur en le brisant.

Oh! ces mains qui se tendaient vers moi; ces yeux aveuglés par les larmes; ces bras tordus par le désespoir; ces enfants qui, au risque de se faire écraser, escaladaient la voiture pour venir pleurer dans mes bras; tous ces visages sur lesquels se peignaient les sentiments divers qui agitaient les cœurs: quel saisissant et inoubliable tableau!

A la dernière minute seulement, je pus serrer dans mes bras mon pauvre père, vieillard de soixante-dix-huit ans, auquel jusque-là on avait caché l'affreux évènement. Il ne pleurait pas, mais il ne me dit rien et il était très pâle; je partis plus angoissé que de tout le reste et de ce silence et de cette pâleur.

Le temps qui avait été sombre et lourd toute la journée tournait maintenant à l'orage; on m'assure qu'au moment précis du départ un violent coup de tonnerre retentit. Je ne l'entendis pas. La pluie diluvienne qui suivit fut cause qu'il y eut moins de monde à la gare où je retrouvai le parquet et les gendarmes. Le jeune Procureur, un peu plus rassuré, nous faisait remarquer la modération avec laquelle il s'était acquitté de son mandat; il n'avait voulu connaître personne, il n'avait demandé aucun nom, il n'avait fait dresser aucun procès-verbal et il ne le ferait pas. Deux jours plus tard, onze rebelles étaient signalés et procès-verbal était dressé contre eux.

Pourquoi onze seulement sur trois cents ? — Pourquoi ce choix arbitraire ? — Qui donc avait pris, pour les désigner à la vindicte publique, les noms de ces femmes, de ces jeunes gens, de ces hommes que M. le Procureur n'avait pas voulu connaître ? En qui réside donc à Bretenoux ce pouvoir occulte qui arrête ou met en mouvement l'action publique au gré de son caprice ?

Il était cinq heures du soir, le train entrait en gare. On me fit monter dans un compartiment réservé où deux gendarmes s'installèrent à mes côtés ; par autorisation spéciale de M. le Procureur, qui n'eut pas la cruauté de la leur refuser, le notaire et le médecin y montèrent avec moi, malgré les bruyantes protestations du brigadier : « Ce n'est pas régulier, disait-il, le prisonnier m'appartient, c'est moi qui dois répondre de lui ». Prisonnier, je l'étais en effet, et pendant quarante-cinq jours j'allais connaître toutes les horreurs que cache ce mot redoutable : La Prison !

CHAPITRE IV

PREMIER VOYAGE : DE BRETENOUX A FIGEAC

Il me serait difficile de dire tous les sentiments qui agitaient mon cœur en ce premier voyage fait ainsi sous bonne escorte, après les dramatiques incidents que je viens de raconter. J'allais comme dans un rêve, me demandant si j'étais bien éveillé, si c'était moi vraiment que l'on enlevait avec cette brutalité, sous le coup des plus dégradantes accusations. Bientôt une pensée en moi domina toutes les autres : Mon père ! qu'allait devenir ce vieillard de soixante-dix-huit ans ? Une si rude épreuve n'allait-elle pas le terrasser du coup et la première conséquence de l'horrible guet-apens ne seraitelle pas de me laisser orphelin? Mon angoisse à son sujet me fit oublier tout le reste : j'obtins du docteur Ayroles qu'au lieu de m'accompagner à Figeac, il reviendrait, par le premier train, de St-Denis à Bretenoux où je redoutais que sa présence ne fut plus nécessaire qu'à mes côtés.

Il était nuit quand nous descendîmes à St-Denis; la nouvelle de mon arrestation dût être vite répandue, car je commençai, dès ce moment, à être l'objet de cette curiosité publique qui, pour les criminels, doit être un premier châtiment. Je n'éprouvai jamais personnellement cette impression, sans doute parce que, jusqu'à la fin, je pus lire dans les regards qui rencontrèrent les miens non de la haine ou du mépris mais plutôt l'expression d'une douloureuse sympathie.

Il fallait, à St-Denis, attendre près de deux heures le train qui devait m'emmener à Figeac. Mes fidèles amis voulurent me faire prendre avec eux le repas du soir. Dans une petite salle d'hôtel où nous étions seuls avec les gendarmes qui ne me quittaient plus, on nous servit un dîner copieux. Je voyais bien que mes deux amis ne mangeaient pas : l'émotion qui les étreignait était trop forte; je m'efforçai au contraire de faire honneur à tous les plats : j'avais à mes côtés le docteur qui, dans moins d'une heure, allait revoir mon père; il lui dirait que j'avais mangé de bon appétit, que je n'étais pas inquiet, que j'étais gai même, et cette pensée me donnait l'énergie de dominer l'angoisse qui me serrait à la gorge.

J'avais été enlevé si subitement de Bretenoux que je n'avais pas songé à voir dans mon porte-monnaie.

L'excellent M. Trassy y songea pour moi. « Avez-vous au moins de l'argent ? » me dit-il. J'avais seulement en poche quelques pièces blanches : je vois encore ces deux amis si dévoués s'empresser de vider leur bourse dans la mienne. J'allais être maintenant le plus riche de la prison : ce ne serait pas un mince avantage, car pour si démocratique que se dise notre société, le sort d'un prévenu qui a quelque argent est bien différent de celui d'un pauvre diable sans ressources. Si nos hommes politiques étaient moins hypnotisés par le spectre clérical, ils auraient sans doute trouvé le temps de faire disparaître cette anomalie qui permet de traiter comme un coupable déjà condamné un prévenu qui pour être sans le sou peut n'en être pas moins innocent.

Ainsi qu'il avait été convenu, le docteur reprit le train pour Bretenoux. M. Trassy et moi nous montâmes avec les gendarmes dans celui qui devait me mener au terme du lugubre voyage. Je parcourus, ainsi escorté comme un criminel, cette ligne de St-Denis à Figeac que j'avais suivie si souvent, en des temps meilleurs, et où, dans le silence de la nuit, j'entendais retentir des noms chers à mon cœur : Roc-Amadour, Gramat, Lacapelle-Marival ! Je me revoyais tout jeune vicaire, volant de Gramat à Figeac pour embrasser mes vieux parents entre deux trains ; je me souvenais d'être passé là, missionnaire de Roc-Amadour, l'esprit tout préoccupé de la retraite ou de la mission que j'allais prêcher. Mais alors, c'était en plein jour, on m'attendait à l'arrivée, des mains amies se tendaient vers moi et l'on me faisait fête. Tout à l'heure, c'était la nuit, deux gendarmes avaient l'œil sur moi comme sur un malfaiteur ; le seul ami qui me restait allait être contraint de m'abandonner à mon malheureux sort, et puis ce serait la prison, la solitude, l'angoisse !... Oh ! l'horrible voyage !

Maintenant, voici Figeac ; Figeac, ma ville natale ; Figeac, où s'écoula ma première enfance ; Figeac, où, pendant toute la durée de mes études, je revenais chaque année passer mes deux ou trois mois de vacances. J'y étais à bonne école auprès du vénérable curé archiprêtre Massabie, ce lutteur presque légendaire, que je voyais comme se jouant, au milieu de difficultés sans nombre, fonder une école de Frères longtemps prospère, relever de ses ruines sa merveilleuse église abbatiale, établir un orphelinat-ouvroir, sous la direction des religieuses de Nevers, une maison de Sœurs garde-malades, bâtir un presbytère, mendiant et donnant toujours. Il était mort à la peine, à quatre-vingt-cinq ans, profondément attristé d'avoir vécu assez longtemps pour assister à la ruine de ses œuvres les plus chères, prévoyant que la petitesse d'esprit de ses adversaires lui refuserait la suprême satisfaction qu'il eût ambitionnée, celle de dormir son dernier sommeil sous le sol de cette église si magnifiquement restaurée par lui. Il repose ajourd'hui au cimetière de la ville, dans un caveau d'emprunt, celui qui pendant trente ans fut l'ami des ouvriers, la providence des pauvres, le père des orphelins. Et moi qui, grandissant à ses côtés, avais rêvé de me consacrer aussi sans réserve au bien des âmes, d'être un homme d'œuvres, de défendre l'enseignement chétien, d'aimer les pauvres, voilà qu'après vingt-quatre ans d'efforts, je revenais à mon point de départ, accablé sous le poids d'accusations ignobles tombées de la bouche de malheureux jeunes gens auxquels j'avais conscience de n'avoir jamais fait que du bien !

Je n'étais pas traité en malfaiteur vulgaire : la justice de mon pays faisait bien les choses ; cinq ou six gendarmes m'attendaient à la gare et se joignaient aux deux qui m'escortaient depuis Bretenoux. Il était neuf heures et demie, mon arrestation ne devait pas encore être bien connue; les promeneurs attardés regardaient d'un air étonné cette petite troupe de gendarmes silencieux, au milieu de laquelle marchait un prêtre. Nous arrivâmes ainsi devant le sombre portail de l'antique château de Balène qui, depuis la Révolution, sert à Figeac de Maison d'Arrêt; j'en franchissais rapidement le seuil quand une voix amie me rappela en arrière. C'était l'excellent, le dévoué M. Trassy qui, la gorge serrée par l'émotion, d'un accent que je ne lui connaissais pas, me disait : « Pauvre M. le curé, je ne puis pas vous accompagner plus loin! » Je me précipitai dans ses bras, il me serra contre son cœur et nous nous séparâmes. Les sabres des gendarmes retentissaient d'une façon lugubre sur le grand escalier de pierre vaguement éclairé d'une mauvaise bougie; au dernier palier, après un bruit de clef grinçant dans la serrure et de verroux tirés, une porte massive s'ouvrit devant nous : c'était la Prison!

CHAPITRE V

L'ANGOISSE

Le Gardien-Chef, prévenu de notre arrivée, attendait dans son cabinet : en quelques minutes, les gendarmes m'eurent remis entre ses mains et je demeurai seul avec lui. C'était un homme jeune encore dont la physionomie plutôt froide et très réservée ne trahissait vis-à-vis de moi ni curiosité, ni malveillance, ni sympathie. Il me posa rapidement, presque à voix basse, les questions d'usage sur ma naissance, ma situation, le lieu de ma résidence, et m'enjoignit de vider mes poches : c'est la première formalité en entrant en prison ; nous verrons plus tard avec quelle brutalité elle peut s'accomplir ; ici tout se passa avec une correction parfaite ; j'en fus quitte en retournant toutes mes poches pour bien montrer qu'elles ne contenaient plus rien. La somme d'argent que mes généreux amis m'avaient fait accepter fut soigneusement comptée et consignée sur un registre spécial où j'apposai ma signature. Le gardien fit un petit paquet des divers objets que je venais de lui remettre, en m'assurant que tout cela me serait rendu à la fin de ma détention ; ma montre, mon porte-monnaie, mon couteau, quelques lettres dont je n'avais pas même eu l'idée de me débarrasser me furent ainsi enlevés ; on ne me laissa que mon chapelet, le petit crucifix de cuivre argenté qui me suit partout depuis vingt ans et.... ma tabatière. Ces formalités une fois remplies, mon geôlier me fit traverser un sombre et long corridor, gravir un escalier qui n'en finissait pas et m'introduisit dans la cellule qui m'était réservée ; il alluma une veilleuse sur une planchette disposée à cet effet, m'indiqua d'un geste le lit que je pourrais occuper et s'en retourna, silencieux comme il était venu, en refermant soigneusement derrière lui la porte de mon cachot.

Il était environ dix heures du soir quand je fus ainsi enfermé seul dans ce taudis. Mon premier mouvement fut de me jeter à genoux, mais je ne me souviens pas d'avoir songé encore à prier ; les coudes posés sur la dure paillasse du lit, je pris dans mes mains ma pauvre tête que toutes les émotions de cette lugubre soirée troublaient étrangement. Une seule pensée hantait mon esprit : la monstrueuse accusation qui pesait sur moi !

Au premier moment, je m'étais dit qu'on en verrait de suite l'invraisemblance et la fausseté; mais tout à l'heure, après ce déploiement de la force publique, en me voyant ainsi enfermé comme un criminel, je me disais que puisque les magistrats avaient cru à ma culpabilité, le public ferait comme eux, que mes amis eux-mêmes, mes meilleurs paroissiens finiraient par concevoir des doutes et une angoisse indéfinissable s'empara de tout mon être. Ce fut une obsession, une idée fixe; insensible à tout, les yeux secs, je demeurai là, immobile, ne cessant de répéter : Oh ! les misérables ! on les croira, on les croira, on les croira !

C'est le seul souvenir que j'aie gardé de cette première nuit de prison : quand je relevai la tête, il était jour, la lumière m'arrivait par une étroite fenêtre, à quatre ou cinq mètres du sol, ouverte à tous les vents. En cette nuit du 31 janvier au 1er février, le froid était vif et humide ; je m'aperçus alors seulement que je grelottais. J'essayai de me réchauffer en courant comme un fou d'un bout à l'autre de mon cachot, toujours tourmenté par la même pensée, me croyant condamné pour jamais à la honte et au déshonneur.

Vers neuf heures, je vis s'ouvrir le guichet pratiqué dans le milieu de la porte et, silencieusement, un inconnu me passa un pain et une gamelle où fumait un bouillon noir et graisseux : je n'avais ni faim ni soif; je ne touchai pas à cette première ration, pas plus qu'à la seconde qui me fut apportée le soir vers quatre heures. Mes souvenirs, d'ailleurs, sont ici à peu près nuls. Sous le coup d'un anéantissement moral presque complet, je n'étais plus moi-même et jusqu'au lendemain, à deux heures du soir, je dus vivre dans un état voisin de l'idiotisme et de la folie.

Sans que je puisse me souvenir ni d'avoir demandé ce qu'il faut pour écrire ni du moment où on me l'apporta, je sais cependant qu'en cette journée d'agonie j'écrivis deux lettres, l'une à mon vieux père, l'autre à Mgr l'évêque de Cahors. Au milieu de mon angoisse, l'idée me vint, sans doute, de rassurer les deux êtres que je supposai devoir le plus cruellement souffrir de l'affreux événement. Il a fallu que je retrouve ici la première de ces lettres pour être bien sûr de l'avoir écrite : si je ne reconnaissais à ne pouvoir en douter mon écriture, je l'aurais nié de bonne foi. Comment ai-je pu écrire, à la date du 1er février : « Je ne suis nullement inquiet sur « mon sort. Absolument innocent des infamies dont on « m'accuse, j'espère que ces malheureux rendront hom- « mage à la vérité. Je n'ai pas plus fait ce qu'ils disent « que je n'avais organisé les bagarres sanglantes pour « lesquelles on supprima mon traitement. Sois donc « bien tranquille, toi aussi ; quand je saurai que tu as « du courage, que tu n'es pas malade, je serai presque « joyeux dans ma prison. »

Dans la lettre à Monseigneur, je disais, paraît-il, que je crierais si fort mon innocence qu'on serait bien obligé de la reconnaître. Hélas ! si mes excellents paroissiens ne s'étaient arrangés de manière à pouvoir en apporter l'éclatante preuve, devant des gens qui me voulaient à tout prix coupable mes dénégations les plus énergiques seraient demeurées sans résultat.

Je ne dormis pas davantage la seconde nuit ; je la passai toute entière assis sur un petit banc de bois, seul siège que j'eusse à ma disposition et que j'avais approché de la même paillasse sur laquelle je m'accoudai. Nuit d'angoisse comme la précédente, dont je n'ai d'autre souvenir que l'obsédante pensée qui me rendait fou.

Le mardi, ce fut le gardien-chef qui m'apporta lui-même la ration de neuf heures; je fus grondé pour n'avoir pas touché aux vivres de la veille; il me contraignit d'avaler en sa présence quelques gorgées du bouillon des prisonniers. Si l'état d'esprit dans lequel j'étais depuis deux jours avait duré plus longtemps, je n'aurais pu échapper, à bref délai, à la mort ou à la folie. Dieu ne le permit pas : le moment approchait où une bienheureuse transformation allait s'opérer en moi.

La cellule que j'occupais, ainsi que j'ai pu m'en rendre compte plus tard, était à l'étage le plus élevé de la prison; il n'y arrivait aucun bruit ni du dedans ni du dehors; c'était la solitude la plus complète, dans une demi-obscurité que la lumière pénétrant par l'unique fenêtre trop étroite et trop élevée ne parvenait pas à dissiper. — Ce mardi donc, vers deux heures de l'après-midi, un carillon qui me parut très doux vint frapper mon oreille; comme une voix venue du ciel, la joyeuse sonnerie me tira de l'affreux cauchemar dans lequel je vivais depuis l'avant-veille.

Pour la première fois je cherchai à me rendre compte de ma situation. Depuis combien de temps étais-je enfermé? Pourquoi ces cloches avaient-elles sonné?... Etait-ce donc dimanche et appellaient-elles les fidèles aux vêpres?... Mais, non... C'est le dimanche à la sortie de vêpres que j'avais été arrêté... Je n'avais encore passé dans mon cachot que deux nuits... Nous étions donc au mardi, deux février... C'était la fête de la Purification de la Sainte Vierge... Notre-Dame de la Chandeleur... Dans toutes les églises, excepté dans la mienne, on avait ce jour-là béni solennellement les cierges et la procession s'était déroulée lumineuse!...

Dans quelque paroisse de la ville, il devait y avoir, à cause de la fête, un office du soir auquel les cloches que je venais d'entendre conviaient les fidèles...

De toutes ces pensées qui se pressaient dans ma tête, une seule domina bientôt toutes les autres : c'était la fête de la Très Sainte-Vierge ! de la Vierge acceptant, malgré son incomparable pureté, l'humiliante cérémonie de la purification et apportant au temple l'offrande des pauvres... Je me souvins que l'Eglise exaltait dans ses chants liturgiques cette humble démarche de la Fille des Rois... Je sentis immédiatement mon cœur s'ouvrir à l'espérance.

Pendant une heure, la pensée de la Vierge bénie ne me quitta pas ; j'avais été plus particulièrement son enfant, ayant porté ses livrées comme missionnaire de Roc-Amadour ; j'avais essayé de la faire connaître et aimer ; deux jours avant mon arrestation, je prêchais encore une retraite, sous ses auspices, aux Congréganistes de Vayrac ; à plusieurs reprises, j'avais organisé des pèlerinages en son honneur, aux sanctuaires de Lourdes et de Roc-Amadour ; cette Mère si puissante et si bonne allait-elle maintenant permettre que je tombe, victime de la plus odieuse calomnie ? Mon humble personnalité était bien peu de chose en cette affaire : il s'agissait surtout du triomphe de la vérité, de la confusion des sectaires, de l'honneur de l'Eglise ; non il n'était pas possible que Marie ne se fit mon avocate et ne confondit mes accusateurs.

Comme à la suite d'un violent orage on voit le ciel se rasséréner promptement et devenir bleu sous l'action bienfaisante du vent qui balaie les nuages, ainsi ces douces pensées rendirent le calme à mon esprit.

Je sentis ma tête se dégager tout à coup, mes angoisses se dissipèrent, et tout mon être fut envahi d'une invincible confiance qui ne m'abandonnera plus désormais, pas même devant la redoutable majesté de la cour d'assises.

En ces deux jours de poignante agonie, j'avais souffert autant qu'il soit possible de souffrir ici bas. Je n'avais pas seulement trempé mes lèvres au calice d'amertume, je l'avais épuisé jusqu'à la lie.

O Vierge bénie! ô Notre-Dame de Roc-Amadour, je voudrais dire ici toute ma reconnaissance et je ne trouve pas d'expression qui puisse la traduire! Que ma voix s'élève du moins pour proclamer, après une si concluante expérience, que vous êtes vraiment le Secours des Chrétiens et la Consolatrice des affligés!

CHAPITRE VI

LA PRISON

Tout pour moi change maintenant d'aspect : résigné à mon rôle de victime, je gravirai d'un cœur léger toutes les marches de mon Calvaire, me reprochant presque de ne pouvoir me sentir joyeux, comme les apôtres devant leurs juges, et m'en excusant par la pensée qu'ils y seraient allés avec moins d'enthousiasme si les accusations portées contre eux avaient eu le caractère ignominieux de celles qui pesaient sur moi.

Oh! que ma prison m'eût paru moins sombre et comme je m'y serais trouvé heureux si j'y avais été conduit pour trop de zèle dans la défense religieuse! Au fond, c'était bien le motif vrai qui m'y avait amené. On m'aurait laissé bien tranquille si je n'avais pas été prêtre, ou si seulement j'avais consenti à garder le silence, ce silence que j'ai si souvent entendu qualifier de prudent, mais que je ne puis m'empêcher de considérer, en certains cas, comme une défaillance ou une lâcheté. Persuadé que le Verbe de Dieu ne saurait être enchaîné, j'avais fait entendre ma protestation devant tous les attentats commis contre la liberté religieuse ; j'avais répondu publiquement, du haut de la chaire, aux discours prononcés dans des banquets officiels où la religion avait été bafouée, où un Homais quelconque, ancien clérical forcené, avait osé dire qu'elle déformait les cerveaux et atrophiait les intelligences. N'est-ce point le devoir du prêtre de prémunir ses paroissiens contre l'erreur, cette erreur leur fût-elle prêchée par un secrétaire de Mairie, par un président de Comité radical, et même par un aussi puissant personnage que l'est aujourd'hui un député ? Dans ces réfutations que je me suis permis de faire plus d'une fois, la politique ne fut jamais pour rien, la religion seule était en jeu.

Quels que puissent être mes sentiments personnels sur ces questions, on ne m'a jamais entendu dire un mot ni contre le service militaire de deux ans, ni contre les retraites ouvrières, ni contre l'impôt sur le revenu ; ce sont là questions purement politiques dont le prêtre peut se désintéresser. Si j'étais réellement sorti de mes attributions, on n'eût pas manqué de me traduire en correctionnelle ; mais pour cela il faut des allégations précises et j'ai toujours eu la prudence de n'en pas fournir. Il est facile de dire en général d'un prêtre qu'il fait de la politique ; il l'est moins de pouvoir le prouver, quand ce prêtre a toujours eu soin de se tenir sur le terrain religieux : en l'espèce, les faux témoins ne sont pas de mise, car ici, tout se passe en public et il serait par trop aisé de leur faire rentrer leurs mensonges dans la gorge.

Condamner directement un prêtre pour la défense de sa foi, qu'on le veuille ou non, c'est mettre autour de son front l'auréole de la persécution ; les sectaires le savent, aussi préfèrent-ils recourir au mensonge pour couvrir de boue leur victime. C'est lui infliger le plus cruel des martyres, les angoisses morales étant autrement redoutables que les tortures physiques : la sueur de sang de Jésus à la grotte de Gethsémani n'en est-elle pas un éclatant témoignage ?

Si le motif infâme de ma détention m'empêcha jusqu'à la fin de trouver du charme à souffrir persécution pour la justice, du moins, à partir de cette soirée du deux février, j'envisageai de sens rassis toute l'horreur de ma situation ; désormais c'est avec la plus grande tranquillité d'esprit, en me rendant bien compte des moindres détails, saisissant même le côté comique des personnes et des choses, que je vais parcourir les diverses étapes de mon martyre.

Je m'étais mis à genoux au son des cloches ; quand je me relevai, après une fervente prière, j'examinai pour la première fois ma prison. C'était une pièce de quatre mètres carrés environ, formée par de vieilles cloisons de bois blanchies à la chaux, où il doit falloir beaucoup de précautions pour empêcher la vermine de pulluler pendant l'été. Le plancher, très vieux lui aussi, en était fort inégal et le plafond à poutrelles assez élevé. L'unique fenêtre par où me venait un peu de jour était percée immédiatement sous ce plafond, en sorte que je ne voyais qu'un coin du ciel et qu'après trois heures du soir, en ce commencement de février, pour moi c'était déjà la nuit.

Cette fenêtre était ouverte à tous les vents : le gardien-chef avait essayé, dès le lundi matin, d'y faire remettre les vitres absentes. Mais, décidément, je jouais de malheur : l'architecte de la prison avait eu la malencontreuse idée de se marier ce matin même ; il venait de partir pour son voyage de noce. Or, sans l'avis préalable de M. l'architecte, on ne plante pas un clou, à plus forte raison on ne remet pas un carreau de vitre; ainsi le veut l'Ad-mi-nis-tra-tion ! La fenêtre demeura donc ouverte et je passai trois nuits exposé aux rigueurs d'une température glaciale. Ce que Dieu garde est bien gardé ! — Je ne m'y enrhumai même pas ! N'empêche que si jamais vous devez aller en prison, informez-vous avant d'y entrer ; si M. l'architecte est en voyage de noce, vous agirez prudemment en attendant son retour.

Le mobilier était plus que modeste ; quatre grabats occupaient un des côtés de la pièce : vieux lits de fer de forme antique, avec chacun une étroite paillasse bourrée de paille brisée, mais bourrée de façon à en être dure comme un banc de pierre ; un petit traversin gros comme le poing et pas bourré du tout ; deux bandes étroites de toile grossière faisant fonction de draps ; deux couvertures plus grossières encore, de couleur indécise : voilà pour la literie ; ce n'était guère engageant et je n'eus pas le courage d'en essayer... Un petit banc de bois, une cruche pour l'eau, un poêle qui tirait mal... c'est tout.

Il paraît que certains vagabonds trouvent cela très confortable et font exprès de se faire enfermer pendant les mois d'hiver ; ces gens-là ne sont vraiment pas difficiles : j'aimerais mieux, pour ma part, une toute petite place dans le coin d'une grange... avec la liberté.

Quatre tableaux décoraient les murs de ma cellule : 1° le Règlement de la prison, avec, en gros caractères, ce titre : « Maison d'Arrêt, de Justice et de Correction, » qu'un loustic traduisait irrévérencieusement : Maison de Rien, d'Injustice et de Corruption ; 2° Le Catalogue des ouvrages composant la bibliothèque des prisonniers ; 3° la liste de MM. les avocats et stagiaires inscrits au barreau de la ville et 4° la nomenclature des vivres que les détenus peuvent se procurer moyennant finance. Même après leur condamnation, les prisonniers ne vivent pas sur le pied d'une complète égalité : le condamné pauvre doit manger son pain sec et boire son eau claire, tandis que le riche peut teinter son eau de quelques gouttes de vin et avoir du beurre sur son pain. Il n'en reste pas moins entendu que nous vivons sous le régime d'une parfaite égalité !

La prison de Figeac est un très antique château dont les vastes salles ont été coupées par de lourdes cloisons de bois ; on n'y trouve rien des merveilles que l'on raconte de la nouvelle prison de Fresnes ; tout y est pauvre et délabré ; le dortoir commun des détenus est pavé de briques effritées, ce qui peut bien y entretenir la fraîcheur en été, mais ne le réchauffe guère en hiver.

Cette soirée du deux février, au cours de laquelle j'avais si heureusement repris mes esprits, devait être pour moi une soirée à surprises. Je venais à peine de terminer l'inventaire détaillé plus haut que j'entendis des pas dans l'escalier et bientôt la porte de mon cachot s'ouvrit toute grande. Le gardien-chef s'effaça respectueusement pour livrer passage à un personnage dont la mise recherchée contrastait singulièrement avec la misère qui m'entourait. C'était M. le Procureur de la République qui venait visiter son prisonnier : ce fut très court. L'atmosphère glaciale de ma cellule dut impressionner péniblement sa gorge délicate, car après un rapide coup d'œil, il fit mine de se retirer. J'appelai son attention sur la fenêtre ouverte à tous les vents ; il promit de la faire fermer avant le retour de M. l'architecte ; son regard étant tombé sur les misérables grabats qui garnissaient un des côtés de la salle : « Ceci, dit-il, doit être un peu dur. Je vous conseille, ce soir, de mettre deux paillasses une sur l'autre et demain je reviendrai voir l'effet que cela aura produit!!! »

Comme consolation, c'était plutôt maigre ; comme prestige, c'était nul. Je ne pus me défendre d'un sentiment de pitié à la pensée qu'au nom du Peuple Français le sort de malheureux détenus, dont plusieurs peuvent être des innocents, est confié à de jeunes éphèbes que semble peu préoccuper la mission si délicate qu'ils ont à remplir.

Je ne fus pas curieux de savoir l'effet que pourraient produire deux sacs de paille mis l'un sur l'autre ; le jeune procureur ne le fut pas plus que moi, car, malgré sa promesse, il ne reparut pas le lendemain.

J'avais connu, dans mon enfance, un procureur impérial dont le fils était mon camarade au collège de Figeac ; je comparais la dignité de ce magistrat, père de famille, que la population tout entière entourait de respect, à la mobilité du jeune magistrat préposé aux mêmes fonctions, sous la troisième République, et je me demandais si le peuple ne finirait pas par comprendre qu'il aurait tout intérêt à ce que l'exercice de la Justice publique fut remis en des mains plus habiles et plus expérimentées.

J'en étais là de mes réflexions quand m'arriva un nouveau visiteur : cette fois c'était le médecin ; il me trouva fatigué, on l'eût été à moins, jugea que ma cellule était malsaine, que cette fenêtre perpétuellement ouverte offrait quelque danger pour un rhumatisant de mon espèce et ordonna l'infirmerie : il fut convenu que j'y serais transféré le lendemain.

Un peu plus tard, nouvelle visite, non plus cette fois dans ma cellule mais au parloir ; j'y descendis lestement et je tombai dans les bras de l'excellent archiprêtre de Figeac qui ne put retenir des larmes d'attendrissement en me trouvant si résigné à mon triste sort. C'était la première figure amie que je voyais depuis mon incarcération ; je ne saurais dire combien cette entrevue fut douce à mon cœur. Ce bonheur devait se renouveler souvent, car grâce à son titre officiel d'aumônier de la prison, M. l'Archiprêtre y avait ses entrées plusieurs fois la semaine, et la générosité de son cœur le porta à m'entourer de la plus fraternelle sollicitude. C'est à lui, sans doute, que je devais la visite du médecin que je n'aurais pas songé moi-même à demander ; ce fut lui encore qui voulut pourvoir à ma subsistance et dès le soir même donna des ordres pour que mes repas me fussent apportés du dehors.

Je remontai dans ma cellule presque joyeux, plus confiant que jamais dans le triomphe de la vérité dont je n'avais rien à redouter. Lorsque, vers six heures, on m'apporta mon premier repas, je m'aperçus que j'avais faim ; jamais bouillon ne m'avait paru meilleur.

Dès que la nuit fut venue, je m'enveloppai de mon manteau et sur la dure paillasse de mon grabat, malgré le vent qui me soufflait au visage par la fenêtre toujours ouverte, je goûtai enfin un sommeil réparateur. Avant de m'endormir, je songeai aux malheureux qui avant moi avaient cherché le repos à cette même place ; je me représentai les tourments que le souvenir de leurs crimes avaient dû leur faire éprouver, les angoisses qu'ils avaient ressenties en prévision du châtiment mérité, et je me sentis heureux à la pensée que le remords de crimes que je n'avais pas commis ne troublerait pas mon sommeil. Le lendemain, vers huit heures du matin, je fus transféré à l'infirmerie.

CHAPITRE VII

L'INFIRMERIE

Le régime cellulaire n'est guère en usage à la prison de Figeac, pour une excellente raison, qui dispense de toutes les autres ; c'est qu'il n'y a point de cellules. La salle où j'avais été enfermé tout d'abord et que j'ai décrite au chapitre précédent est la salle commune réservée aux femmes ; si je n'avais eu la chance d'être arrêté à un moment où il n'y avait aucune femme en prison, il est probable que j'aurais eu à subir la promiscuité avec les autres prisonniers. Je n'en aurais peut-être pas souffert autant qu'on pourrait se l'imaginer, car, dans cette peu importante prison d'arrondissement, il y a rarement de grands criminels. Ce sont le plus souvent des vagabonds plus malheureux que coupables, des paysans un peu trop vifs, qui ont donné quelque coup de poing malencontreux (il en passa un qui avait battu sa belle-mère !), des contrebandiers d'allumettes, braves gens d'ailleurs, qui paient leur amende de quelques mois de prison, bien résolus à reprendre leur dangereux métier au lendemain de leur libération.

Pendant les trente-cinq jours que je passai à la prison

de Figeac, j'eus l'occasion de voir quelques-uns de ces détenus qui s'occupaient à tour de rôle de diverses corvées et je surprendrai probablement plus d'un de mes lecteurs en disant que j'étais assez agréablement étonné de ne pas me trouver en trop mauvaise compagnie; je connais, hélas ! tel ou tel bouge, que la police laisse bien tranquille, que fréquentent même des messieurs décorés, où s'accomplissent de bien vilaines besognes et dont les habitués sont autrement répugnants.

L'infirmerie où je venais d'être transféré est située au milieu de la Maison d'Arrêt, sous la salle commune des hommes, immédiatement au-dessus des appartements du gardien-chef et contiguë à la cuisine des prisonniers. Là, du moins, j'entendais aller et venir, je percevais des bruits de conversation, ce n'était plus l'absolue solitude de mon premier cachot; il me sembla que je renaissais à la vie. La salle est vaste, bien tenue, abondamment éclairée par deux larges fenêtres à hauteur d'appui d'où la vue s'étend sur un des plus beaux quartiers de la ville : l'avenue de la Gare, le Pont-Neuf, la rivière et le quai. Je voyais aussi la ligne du chemin de fer; le va-et-vient des trains m'intéressait autant que celui des gens qui passaient sous mes fenêtres et me servait d'horloge. Mais le voisinage que j'appréciais le plus était celui de la chapelle du monastère des Carmélites que je voyais, presque en face, de l'autre côté de la rivière; je savais que de saintes âmes y priaient pour moi nuit et jour, devant ce tabernacle dont la lampe avait des reflets qu'à travers les vitraux je distinguais dans la nuit noire.

Le mobilier de l'infirmerie était aussi un peu moins misérable; le lit avait un matelas, de très bons draps, un oreiller et des couvertures convenables; j'avais une chaise (c'est un luxe inconnu en prison), une table où je pouvais écrire à l'aise, une bonne lampe à pétrole, plus favorable à mes pauvres yeux que la mauvaise veilleuse dont j'avais dû me contenter jusqu'alors; ici le poêle tirait fort bien et chauffait à la perfection ma nouvelle demeure dont les fenêtres étaient bien closes.

Quand le temps était beau, le soleil entrait en liberté, malgré la double rangée de barreaux de fer, dans la vaste pièce, l'inondait de lumière et la pénétrait de sa douce chaleur. Confiant comme je l'étais dans la justice de ma cause, assuré par les nombreuses lettres qui m'arrivaient de partout que non seulement les amis, mais même les gens honnêtes de tous les partis ne se trompaient pas sur les motifs du scandale qu'on avait voulu provoquer, je passai là un mois dont le souvenir n'a rien de trop pénible pour mon cœur.

Si les exercices de Saint-Ignace eussent fait partie de la bibliothèque de la prison, l'occasion eût été bonne pour moi de faire la grande retraite; j'y suppléai de mon mieux et il y a peu d'époques dans ma vie où je me sois senti si près de Dieu. Je ne pouvais pourtant pas monter à l'autel; je n'entendais la Sainte-Messe que le dimanche; c'était un sacrifice, non le moindre, à ajouter aux autres, mais on s'habitue au sacrifice, on finit même par y goûter une indéfinissable douceur.

Tout le temps qu'avait duré mon angoisse, je n'avais pensé à rien, pas même à prier. Au moment de mon arrestation, on ne m'avait pas laissé le temps d'emporter mon bréviaire; je n'en eus pas les deux premiers jours; le bréviaire, d'ailleurs, n'entre pas en prison sans certaines difficultés : ce ne fut que le mardi soir que je pus en recouvrer l'usage. Mon bréviaire, mon chapelet, mon crucifix vont être désormais les fidèles compagnons et les meilleurs consolateurs de ma solitude.

J'organisai ma vie comme un religieux : dès mon lever, la prière, la méditation, que je fis pendant un mois, sans me lasser jamais, avec l'aide de textes de la Sainte Ecriture soigneusement choisis, que quelqu'un m'avait envoyés avec cette dédicace : « *Vincto Christi, Amicus ignotus sed devotus.* »

« Au prisonnier du Christ, un ami inconnu mais dévoué. »

Que l'ami inconnu, qui eut cette touchante attention, reçoive ici le témoignage de ma vive reconnaissance. Cette collection de textes inspirés se rapportant tous à ma lamentable situation me fournit le thème des meilleures méditations de ma vie et me maintint dans cette sérénité d'esprit qui aujourd'hui m'étonne moi-même.

Le soin de mon petit ménage me prenait près d'une heure chaque matin ; il fallait faire mon lit, allumer le poêle, balayer ma chambre, renouveler ma provision d'eau et de charbon. Vers neuf heures, je disais les Petites Heures que suivait le plus souvent la récitation du Rosaire : j'y trouvais un charme que je n'avais pas su y découvrir jusque-là ; les quinze mystères, les mystères douloureux surtout, retenaient longtemps mon attention ; je les méditais deux fois par jour, et, après la longue veillée du soir, je m'endormais en les repassant encore. Un peu avant midi, c'était l'examen particulier que j'aimais à faire sur la soumission à la Volonté de Dieu, le Pardon des injures, la Sanctification des épreuves, la joie dans le Sacrifice, jusqu'au moment où m'arrivait mon premier repas.

L'excellente maîtresse d'hôtel aux soins de laquelle M. l'archiprêtre m'avait confié faisait bien les choses ;

non seulement elle m'envoyait une nourriture abondante et saine, mais elle y ajoutait des gâteries toutes maternelles. Elle ne se doutait guère, la bonne madame Guitard, qu'elle faisait ainsi la joie de la prison toute entière. Quelque appétissants que fussent les mets qui m'étaient destinés, je ne mangeais guère; mais j'éprouvais une joie d'enfant à faire de petites portions que M. le Gardien-Chef me permettait de faire passer à mes co-détenus. J'étais heureux de savoir avec quel plaisir ces petits envois étaient reçus par ces malheureux qui n'avaient habituellement qu'une mauvaise soupe et du pain sec; quand je les voyais saisir avec empressement l'occasion de m'en témoigner leur reconnaissance, je songeais à mes accusateurs, pour la plupart desquels j'avais fait bien davantage : la comparaison me faisait mal au cœur.

Vers une heure, je reprenais mon chapelet et mon bréviaire pour les vêpres. Ma soirée se passait ensuite à ma correspondance dont je parlerai un peu plus tard; elle me fut d'un grand secours dans ma solitude.

A cinq heures, je récitais Matines et Laudes; après le repas du soir qui m'arrivait à six heures, je passais les longues veillées de février à écrire ou à lire. Souvent j'éteignais ma lampe, et, accoudé aux barreaux de ma fenêtre, je m'oubliais en une longue méditation, le regard fixé sur la chapelle des Carmélites. A cette heure avancée de la nuit, les bruits du dehors montaient jusqu'à moi : c'était la voix éraillée d'un ivrogne regagnant péniblement son gîte, le tumulte d'un café voisin, la *Carmagnole* et l'*Internationale* chantées par quelques jeunes gens en goguette. Tout cela ne me distrayait guère de la contemplation de ce vitrail d'en face, derrière lequel je savais que mon Dieu, prisonnier lui aussi, entendait ma prière; j'avais la sensation de n'être pas seul; de toutes les heures de ma journée, celles-là me paraissaient les plus douces.

Chaque dimanche m'apportait une grande joie; j'entendais la Sainte Messe et j'y recevais la Sainte Communion. Pour l'âme pénétrée de vifs sentiments de foi, la Sainte Communion a toujours des charmes inénarrables; mais, dans cette pauvre chapelle de la prison, devant ces détenus, parias de la société, pour lesquels le doux Sauveur ne dédaigne pas de s'immoler, cette rencontre avec mon Dieu me paraissait plus majestueuse et plus touchante que jamais. Dans la condition humiliée où je me trouvais, il me semblait que le Dieu de l'Eucharistie était meilleur et plus grand en se donnant à moi. Ce bonheur, je l'attendais toute la semaine; chaque dimanche était pour mon cœur une fête, ma prison me paraissait moins sombre, le son des cloches me ravissait et, ne pouvant assister aux vêpres, j'aimais à voir passer, sous mes fenêtres, les personnes qui s'y rendaient.

Je ne me couchais guère jamais avant minuit; mon sommeil fut ordinairement paisible, mais si, contre mon habitude, il m'arrivait de m'éveiller avant le jour, en me rendant compte, à la lueur de la veilleuse, de l'endroit où je me trouvais, je sentais mon cœur se gonfler et battre plus vite; l'angoisse que je ne connaissais plus durant la journée m'étreignait de nouveau à la pensée que j'étais toujours en prison.

Ce n'était qu'une impression passagère qui se dissipait aussitôt, mais au coup qu'elle me donnait au cœur, je comprends combien je dois de reconnaissance au bon Dieu de n'avoir pas permis qu'elle fût constante; je n'aurais pas pu y résister longtemps.

On priait beaucoup pour moi un peu partout : les prêtres à l'autel, les religieux et les religieuses dans leurs monastères, mes paroissiens au foyer familial, toutes les âmes honnêtes dans le secret de leur cœur faisaient monter vers le ciel un concert incessant de supplications. Ce ne furent point de vaines prières : Dieu les entendit et me garda cette tranquillité d'esprit, cette sérénité d'âme que je n'ai plus maintenant et qu'humainement il serait difficile d'expliquer.

Je passai ainsi trente-cinq jours à la prison de Figeac, du 31 janvier au 6 mars. Résigné comme je l'étais à mon sort depuis le deux février, je ne trouvais pas les journées trop longues et il n'y a rien d'amer dans les souvenirs qui m'en sont restés.

CHAPITRE VIII

LA MENSURATION

Je venais d'être installé à l'infirmerie, lorsque le Gardien-Chef, avec un tact parfait dont je ne peux que lui savoir gré, vint me prévenir qu'il lui restait une formalité pénible à remplir, à laquelle il espérait que j'allais me prêter de bonne grâce. Il m'assurait d'ailleurs qu'il agirait avec toute la discrétion possible : il s'agissait de me soumettre à l'humiliante formalité de la mensuration.

Si cet homme m'eût proposé brutalement la chose, je m'y serais carrément opposé et il n'en serait venu à bout que par la violence. Il n'en serait probablement pas même venu à bout du tout, car j'ai su depuis, et il n'est pas mauvais que tout le monde sache, que j'avais quelque droit de m'y opposer. Les instructions spéciales sur cette matière ont un paragraphe qui dit en substance ceci : Quand le prévenu occupe une situation officielle et jouit dans la région d'une certaine notoriété, on peut surseoir à sa mensuration jusqu'après sa condamnation. C'était bien un peu mon cas; je me demande ce qui serait arrivé si j'avais opposé une résistance énergique à la proposition qui m'était faite; elle me fut renouvelée à Cahors et, sur les observations que je présentai, on n'insista pas.

Le jeune Procureur de Figeac avait tant peur que certain journal plus puissant que lui l'accusât de me traiter avec trop de ménagement qu'il aurait sans doute exigé que cette humiliation me fut imposée même de force; l'habileté et le tact du Gardien-Chef lui épargnèrent d'en venir à cette odieuse extrémité.

Un gardien de prison est un personnage important; dans son royaume hermétiquement clos, il est un vrai monarque absolu; ses décisions sont sans appel. L'autorité supérieure doit tout naturellement mettre beaucoup de circonspection pour accepter telles quelles les plaintes que les prisonniers pourraient formuler contre lui : leur témoignage est par trop suspect. D'un autre côté, il serait malheureux pour les détenus que le gardien se prévalut de cette immunité presque assurée pour faire peser davantage sur eux un joug déjà très lourd. La prison est par elle-même une horrible chose : un gardien inintelligent ou méchant peut en faire un enfer. J'ai hâte d'ajouter que ce n'était pas le cas à Figeac; le gardien-chef qui suffisait seul au service de la Maison d'Arrêt me parut toujours un homme conscient de ses devoirs, jaloux de les bien remplir, réservé comme il convient et très digne vis-à-vis de ses prisonniers, n'éprouvant aucun besoin d'ajouter une vexation quelconque aux sévérités du règlement. Je n'eus jamais personnellement à me plaindre d'aucune brutalité, d'aucun manque d'égard de sa part ; je l'ai vu le même vis-à-vis des autres détenus ; habituellement impassible et très froid, il savait leur parler avec autorité quand ils avaient commis quelque méfait ; il va sans dire que je ne lui donnai jamais l'occasion de prendre ce ton avec moi ; je m'étudiais à être d'une docilité parfaite. Jamais je ne surpris dans ses allures la satisfaction malsaine que d'autres semblent éprouver à humilier ou à tourmenter un malheureux.

La situation des gardiens de prison n'a rien de bien gai ; ils sont presque aussi prisonniers que leurs pensionnaires ; la monotonie de leur vie, la lourde atmosphère de la prison, la tristesse ou la démoralisation des gens au milieu desquels ils vivent, doivent exercer une influence déplorable sur leur santé et leur caractère ; je n'en ai connu que deux : ils m'ont paru l'un et l'autre une proie toute prête pour la neurasthénie. C'est à eux cependant que la Société s'en remet, pour une grande part, du soin de sa préservation ; ils constituent donc un personnel bien digne de la sollicitude de l'Etat ; nos plages et nos villes d'eaux sont encombrées de gros fonctionnaires qui ont bien moins besoin qu'eux de distraction et de grand air ; à ceux là, l'argent et les congés ne manquent pas. Comme tous les petits, les modestes serviteurs de la Justice attendront longtemps sous l'orme avant que l'Etat, qui a des appétits autrement impérieux à satisfaire, songe à améliorer leur lamentable situation.

Etre mensuré.... avoir sa fiche au milieu de celles des assassins, des voleurs, des escrocs, des malfaiteurs de tout nom et de toute race ! A cette pensée, je sentis un premier mouvement de révolte : les bonnes paroles du gardien, qui paraissait comprendre combien cette humiliation m'était dure, le calmèrent un peu. Et puis, n'avais-je pas accepté mon rôle de victime ? Après l'agonie, ne fallait-il pas la flagellation ? Cette fiche qui allait rester indéfiniment dans quelque casier de la Justice humaine ne serait-elle pas le perpétuel *Ecce homo!* de ma passion douloureuse ? J'en pris bravement mon parti et ce fut le sourire aux lèvres que je me rendis dans la salle où devait se faire cette opération si nouvelle pour moi.

J'avais ouï parler du système anthropométrique de Bertillon ; j'en avais lu, dans diverses revues, d'intéressantes descriptions ; je n'avais jamais supposé que je le verrais un jour appliquer sur ma personne.

En bon diplomate, le gardien piquait ma curiosité ; il m'expliquait les divers instruments dont il allait se servir; il sut transformer une formalité qui eût pu être pour moi d'une brutalité révoltante en une opération qui ne manqua pas de m'intéresser.

Je ne sais pas si, selon la recommandation de la sagesse antique, M. Bertillon se connait bien lui-même ; mais le système dont il est l'inventeur a la prétention de ne pas lui laisser ignorer grand chose sur la personnalité de ceux de ses contemporains auxquels il peut le faire appliquer.

La fiche est un petit carton de dix centimètres carrés, imprimé en lignes serrées, tant au recto qu'au verso, avec des vides que l'opérateur doit remplir à la main. En tête, un numéro d'ordre; puis, les nom et prénoms du patient, ses surnoms et pseudonymes s'il en a ; la date et le lieu de sa naissance; les noms de son père et de sa mère ; sa profession, sa résidence, ses papiers d'identité, ses relations; le nombre et la nature de ses condamnations antérieures; l'appréciation du délit cause de la détention actuelle. Tous ces renseignements une fois consignés, l'opération commence. Elle se divise en trois parties : 1° observations anthropométriques; 2° renseignements descriptifs; 3° notes relatives aux mensurations, marques particulières et cicatrices.

Les observations anthropométriques comprennent la mesure exacte de la taille, voûte, envergure et buste; de la tête en longueur et en largeur; de l'oreille droite; du pied, du médius, de l'auriculaire et de la coudée gauches; on entend par coudée la longueur du bras gauche depuis le coude replié jusqu'au bout du médius; l'œil gauche est l'objet d'un examen spécial; les couleurs de l'iris, auréole et périphérie ont l'honneur d'une mention particulière.

Les renseignements descriptifs s'occupent presque exclusivement de la tête : 1° Le front : arcature, inclinaison, hauteur et largeur; 2° Le nez : profondeur de la racine, dos, base, saillie et largeur; 3° Les lèvres : hauteur labiale, proéminence, bordure, épaisseur; 4° La bouche : sa dimension et ses particularités; 5° Le menton : inclinaison et hauteur; 6° Le contour du profil : fronto-nasal, naso-buccal, hauteur crânienne, malformations; 7° L'oreille droite dans tous ses détails : bordure, lobe, pli tant inférieur que supérieur, hauteur et largeur de la conque, diverses particularités qu'elle présente dans ses formes, ses dimensions, son ouverture et son adhérence; 8° Les soucils : emplacement, forme, dimension, nuances; 9° Les globes des paupières : ouverture, modelé, saillie, orbites; 10° Les rides : interoculaires, frontales, oculaires, buccales, expression qu'elles donnent au visage; 11° Système pileux et teint;

nuance, nature, insertion, abondance des cheveux; nuance, nature, implantation de la barbe; pigmentation et particularités du teint.

Tout cela est noté, classé, numéroté. Sur une plaque enduite d'une matière noire et graisseuse, le patient pose à plat sa main droite dont les doigts s'appliquent ensuite sur un coin de la fiche pour y laisser leur empreinte. Je crus un moment qu'on allait me photographier, mais il n'en fut rien.

Les notes relatives aux mensurations s'appliquent aux marques particulières des diverses parties du corps, cicatrices, tatouages, grains de beauté, etc., etc. Cette dernière partie me fut épargnée.

La fiche est remplie maintenant; elle tient peu de place, mais elle dit tout dans son laconisme; on la reproduira en quatre exemplaires dont l'un restera au greffe de la prison, l'autre ira au chef-lieu du département, un troisième à la Maison Centrale de la circonscription pénitentiaire et le dernier à la Capitale où se centralisent tous les renseignements.

Le citoyen ainsi détaillé pourra se grimer, couper ou teindre ses cheveux et sa barbe, se rajeunir ou se vieillir à son gré, se refaire un état-civil, M. Bertillon assure qu'il le reconnaîtra toujours et partout et qu'il pourra reconstituer son identité. L'expérience paraît lui donner raison; les feuilles publiques ne nous apprennent-elles pas, chaque jour, que tel ou tel malfaiteur dangereux a été reconnu, malgré ses déguisements successifs, par le service anthropométrique? Le système peut donc avoir son utilité.

Mais la mensuration, qu'elle soit pratiquée avec la brutalité qu'elle comporte de sa nature, ou avec la délicatesse et la réserve que voulut bien y apporter le gardien de Figeac, est toujours une formalité odieuse, à laquelle ne devraient être soumis que les détenus déjà reconnus coupables et condamnés.

Après trente-quatre ans de République, nous avons encore la prison préventive que ne connaissent plus depuis longtemps d'autres pays, où l'on parle moins de liberté mais où on la pratique mieux.

Il est déjà assez triste que, sur la foi d'une dénonciation anonyme et mensongère, un honnête homme, un prêtre entouré depuis quinze ans du respect de ses paroissiens, puisse être brutalement jeté dans un cachot, sans qu'on ajoute à l'odieux d'une pareille mesure, en le traitant, avant tout jugement, comme un malfaiteur dangereux pour la Société. D'après notre droit public, tout prévenu doit être réputé innocent. Pourquoi donc le traiter comme un coupable? Un gouvernement n'a pas le droit de se proclamer humanitaire et démocratique tant qu'il n'a pas remédié à de si criants abus.

CHAPITRE IX

L'INSTRUCTION

La prison préventive est, entre les mains des pouvoirs publics, une arme terrible; elle devient excessivement dangereuse quand ces pouvoirs sont représentés par des hommes sans conscience, capables de tous les forfaits pour se débarrasser de qui les gêne.

Sans que rien lui ait fait prévoir le coup dont il va être victime, un homme est enlevé brusquement du milieu dans lequel il vit, on lui annonce qu'il est accusé de crimes ignobles auxquels il n'avait jamais pensé, et malgré ses dénégations indignées, on le met au secret, dans l'impossibilité matérielle de rien faire de lui-même pour prouver son innocence, tandis que les misérables qui ont juré sa perte auront toutes facilités pour échafauder contre lui les plus monstrueuses accusations.

Si le malheureux qu'on supprime ainsi de la vie sociale est un pauvre diable auquel personne ne s'intéresse, il y a mille à parier contre un que, fût-il innocent comme l'enfant qui vient de naître, il passera pour coupable.

Je comprends aujourd'hui la spirituelle boutade de celui qui disait : « Si on m'accusait d'avoir volé les tours de Notre-Dame, je me hâterais de mettre la frontière entre mes accusateurs et moi. »

Il y avait tant d'invraisemblances dans les accusations portées contre le Curé de Bretenoux, que l'opinion publique ne s'y trompa pas.

La presse sectaire elle-même, après ses aboiements des premiers jours, quand elle sut en détail de quoi il s'agissait, mit une sourdine à ses indignations de commande ; on lui avait fait espérer un retentissant scandale clérical et on ne lui servait qu'une odieuse machination, ourdie par des gens dont la malice seule égalait l'imbécilité.

A un prêtre dont, depuis plus de deux ans, ils cherchaient à se débarrasser par tous les moyens, qu'ils avaient chargé auprès du ministère des cultes de tous les péchés d'Israël, qu'ils avaient réussi, à force de mensonges, à faire dépouiller de son traitement ; à ce prêtre qui demeurait tranquillement à son poste, considérant comme un devoir de ne pas abandonner son troupeau fidèle à la meute enragée qui le menaçait ; à ce prêtre, dis-je, ils reprochent des faits ignobles, remontant à six, sept et huit ans, — et, d'après eux, ces faits étaient connus, les enfants en parlaient entre eux, — et ils avaient attendu six et huit ans pour en saisir la justice, et quand ils avaient accusé le prêtre d'organiser des « bagarres sanglantes », ils n'avaient pas songé à lui jeter le reste à la face ! C'est aujourd'hui seulement qu'ils y pensent ; or, l'accusation nouvelle est un vrai coup de théâtre : on en parlait, il y a six et huit ans, et, ni les parents, ni l'instituteur, ni la population n'en avaient jamais eu le moindre soupçon : allons donc ! C'est un triste signe des temps actuels que de pareilles choses soient possibles, que de tels accusateurs soient laissés en liberté et qu'ils trouvent encore des hommes pour leur serrer la main. La conscience publique eut vite fait justice d'une si abominable monstruosité.

Seule, la magistrature la trouva toute naturelle. Elle ne se préoccupa nullement de savoir quelle était la moralité des accusateurs, à quelles influences ils pouvaient obéir, dans quel milieu ils auraient pu être préparés à leur rôle.

Il eût pourtant été bien facile de s'en rendre compte. L'indignation soudaine des habitants de Bretenoux, au jour de mon arrestation, avait son éloquence et aurait pu inspirer de salutaires réflexions. Il n'en fut rien ; on tenait un prévenu qu'il fallait transformer en coupable.

Avez-vous lu *La Robe Rouge* de Brieux ? C'est une pièce couronnée par l'Académie Française. — Il y a là un vieux juge de 3e classe depuis quarante ans qui dit : « La magistrature n'est pas vénale, voilà la vérité. « Parmi nos quatre mille magistrats, on n'en trouve- « rait peut-être pas un, — vous entendez ? pas un ! —

« même parmi les plus humbles et les plus pauvres, — « qui acceptât de l'argent pour modifier son jugement. « Çà, c'est la gloire et le monopole de la magistrature « de notre pays. Saluons. — Mais un grand nombre « d'entr'eux sont prêts à des complaisances et à des « capitulations s'il s'agit d'être agréables, soit à l'élec- « teur influent, soit au député, soit au ministre qui dis- « tribue les places et les faveurs. Le suffrage universel « est le Dieu et le tyran des magistrats. » — L'affaire des millions des Chartreux qui se déroule au moment où s'écrivent ces lignes fournit une solennelle confirmation aux théories du vieux juge La Bouzule. Avouons que de pareilles mœurs judiciaires n'auraient rien de bien rassurant pour les inculpés. La magistrature a toujours été regardée jusqu'ici comme une carrière toute faite d'honneur, de justice et de loyauté : y aurait-il quelque naïveté à croire qu'il en est de même aujourd'hui ?

On avait procédé à mon arrestation un dimanche soir, à la sortie des vêpres, sans doute pour donner plus d'éclat au scandale et frapper les esprits d'une terreur salutaire. Or, l'effet qu'elle produisit ne fut pas celui qu'on attendait. – Un jour de semaine, la population eût été dispersée dans les terres et n'aurait pu manifester son indignation. — Un dimanche, il en allait tout autrement, et cette indignation fut telle que les membres du parquet dûrent regretter un instant d'en avoir provoqué l'explosion.

Il n'y eut cependant ni cris séditieux, ni coups échangés ; ce que l'on a décoré plus tard du nom de rébellion et puni comme tel ne fut que le soulèvement spontané des consciences honnêtes contre l'abominable attentat que l'on soupçonnait déjà se commettre au nom de la loi.

Au lendemain de mon arrestation, quand ils furent bien sûrs que j'étais sous les verrous et hors d'état de me défendre, les conjurés respirèrent plus librement. Jusque là, ils avaient tendu leurs pièges dans l'ombre; ils allaient maintenant agir avec moins de réserve : le grand coup était porté, ils avaient donné la mesure de leur puissance. Il serait plus facile désormais de trouver de nouveaux témoignages; il s'agissait de m'accabler sous leur nombre et leur précision.

Le misérable prêtre arrêté la veille ne devait plus, affirmait-on très haut, revoir sa paroisse; on pouvait donc sans danger multiplier contre lui les accusations.

Des six dépositions qui m'avaient été lues dans la salle de la mairie, l'une, celle du pauvre « innocent », ne tenait pas debout ; une seconde était insignifiante et le demeura jusqu'à la fin; la troisième provenait d'une source tellement suspecte qu'on pouvait prévoir le peu de cas qu'il en serait fait; il n'en restait que trois et c'était trop peu; il fallait nécessairement en trouver d'autres. On n'eut pas à chercher longtemps de nouveaux témoins; le cri public les avait déjà désignés. Le 31 janvier, au moment de mon départ, j'entendis fort bien quelques uns de mes paroissiens qui disaient : « Il est bien étonnant qu'un tel ou un tel ne soient pas des accusateurs ! » L'étonnement ne fut pas de longue durée; ce qui devait arriver, arriva : dans le courant de la semaine, six noms nouveaux s'ajoutèrent aux cinq premiers; dès lors, la chasse devint infructueuse, la liste fatale fut définitivement close. Pour quiconque connaissait Bretenoux, elle était éloquente. Sa composition seule établissait une présomption toute en ma faveur. Ceux-là même qui voulaient me perdre devaient bien s'en douter, car ils ne négligèrent rien pour trouver contre moi d'autres charges; heureusement qu'en pareille occurrence on n'a pas le choix des témoins, il faut bien se contenter de ceux qui veulent se prêter au rôle qu'on leur assigne.

Monsieur le Procureur de la République avait donné des ordres sévères pour qu'on ne me laissât voir personne; du premier au dernier jour de ma détention à Figeac, le secret ne fut jamais levé. — L'intention n'était sans doute pas bienveillante; je n'ai donc pas à lui en exprimer ma reconnaissance; il n'en est pas moins vrai que ce fut très heureux pour moi.

Seul en face de ma conscience qui ne me faisait aucun reproche, je ne m'inquiétais pas trop du résultat final. Si j'avais reçu des visites, on n'aurait pas manqué de me raconter tout ce que j'ai su depuis sur les odieuses tentatives faites en vue de me déshonorer : ma tranquilité en eût été certainement fort troublée.

Le juge d'instruction ayant à peu près terminé son enquête, je dus comparaître devant lui pour répondre à chacune des accusations. Je revis le greffier majestueux, j'entendis de nouveau la voix nasillarde de l'accusateur : « Vous êtes inculpé d'avoir, à Bretenoux, il y a environ huit, sept, six ans, en tout cas, depuis moins de dix ans.... etc., etc.» Onze fois la même question me fut posée, onze fois, le cœur soulevé de dégoût, j'y fis la même réponse.

Chacune de ces accusations me cinglait comme un coup de fouet ; j'eus besoin de faire appel à tous mes sentiments de foi et de surnaturelle résignation pour ne pas cracher mon mépris à la face de ce jeune homme qui, ayant vu et entendu mes accusateurs, n'avait pas su voir ce qu'il y avait d'invraisemblable et de convenu dans leurs dépositions, et qui ne savait que répéter :

Vous êtes inculpé.... Vous êtes inculpé....

Le rôle d'un juge d'instruction est difficile et très délicat ; il demande de la part de celui qui l'exerce beaucoup d'intelligence, une expérience consommée et une grande connaissance des hommes. Il ne faudrait donc pas le confier au premier venu ; ce n'est pas un jeune homme de trente ans, d'une intelligence médiocre, sans aucune expérience, qui peut avoir assez de finesse pour discerner un innocent d'un coupable, ni peut-être assez d'indépendance pour confondre la malice des accusateurs en leur posant des questions capables de les embarrasser.

Pour ce qui me concerne, le Juge d'instruction avait en main mon registre paroissial, heureusement tenu bien à jour, qui, pour cinq de ces malheureux jeunes gens, portait la preuve matérielle de leur mensonge ; ce n'était pas moi qui les avais préparés en dernier lieu à leur première communion ! Pour quatre autres, il y avait une forte présomption morale contre eux ; le registre attestait que, ne les trouvant pas suffisamment instruits, j'avais retardé leur première communion du 15 août au 1er novembre. Ne sautait-il pas aux yeux que je n'aurais pas osé prendre contre eux cette mesure humiliante et disciplinaire si je les avais sus détenteurs d'un secret aussi redoutable pour moi. — Le Juge d'instruction ne voulut-il pas ou ne sut il pas trouver tout cela dans mon registre ? Je l'ignore. — Mais ce que je sais bien, c'est que ce registre ne me fut pas communiqué, malgré mes instances, qu'il ne fut pas joint au dossier, et qu'il fallut l'intervention énergique de Me Désarnauts pour le retirer du parquet de Figeac pendant les assises.

Il n'y avait plus pour clôre l'instruction qu'une dernière formalité à remplir : ma confrontation avec les accusateurs.

Aucune humiliation ne devait m'être épargnée ! Il fallait recevoir en plein visage les soufflets, les crachats et les outrages de ces malheureux.

Ce fut le lundi, 8 février, que je fus soumis à cette répugnante mise en scène ; elle devait avoir lieu au Palais de Justice, distant de la Maison d'arrêt de deux ou trois cents mètres. Par les soins de l'excellent Me Pérès, avocat du barreau de Figeac, qui m'assista, pendant tout le cours de l'instruction, avec sa fine intelligence et un admirable dévouement, une voiture fut amenée à la porte de la prison, vers deux heures de l'après-midi.

La nouvelle de cette petite sortie avait dû se répandre en ville, car une foule considérable stationnait devant le tribunal à notre arrivée. La voiture s'arrêta auprès du large trottoir tout couvert de monde ; je ne savais trop l'accueil qui m'allait être fait et d'avance je m'étais résigné aux huées qui eussent pu se faire entendre. La population de Figeac se souvint-elle que j'étais un de ses enfants, ou déjà se rendait-elle compte du guet-apens dont j'étais victime ? Toujours est-il que pas un cri malveillant ne fut proféré ; beaucoup de têtes se découvrirent sur mon passage ; au seuil même du Palais de Justice, un vieil ami de ma famille qui m'avait connu tout enfant, ignorant de la consigne, voulut me serrer dans ses bras.

Je ne donnerai pas beaucoup de détails sur les scènes qui se déroulèrent dans le cabinet du Juge d'instruction pendant deux mortelles heures. Si mes accusateurs eussent été des enfants de dix à douze ans, j'aurais pu espérer qu'ils se déjugeraient en ma présence. Je savais bien d'avance que cela ne pouvait pas arriver avec des jeunes gens de dix-sept, à vingt ans qui avaient dû comprendre tout d'abord l'importance de leurs dépositions et en accepter toutes les conséquences.

Devant le premier qui se présenta, j'essayai cependant de faire appel à sa loyauté ; je l'adjurai de me regarder bien en face et de rendre hommage à la vérité. Il devint très rouge, leva la main avec ostentation et déclara : — « Je ne suis pas venu ici pour gagner de l'argent (!) mais pour dire la vérité. »

Je n'insistai plus : si j'avais été à la place du Juge, cette réponse m'eût intéressé. Après avoir déclaré que je n'estimais pas de ma dignité de discuter avec ces malheureux, je laissai à mon avocat le soin de leur poser les questions qu'il jugerait à propos.

Pendant deux heures, j'entendis répéter à peu près les mêmes choses, avec cette différence que les plus jeunes étaient les moins affirmatifs. — Les plus âgés au contraire y mettaient un acharnement, une rage qu'il eût été difficile d'expliquer alors même que j'aurais été coupable. L'un d'entre eux, dans sa bonne volonté de m'accabler, était allé trop loin ; il affirmait une chose matériellement impossible. — Pressé de questions, il finit par dire que ce qu'il racontait s'était bien passé dans le chœur, mais *derrière l'autel*. Or, à Bretenoux, on ne passe pas derrière l'autel qui est immédiatement adossé contre le mur de l'église. J'en fis la remarque : le Juge d'instruction ne broncha pas. Il ne vit pas davantage l'embarras, la rougeur, les contradictions, l'attitude rageuse des témoins qu'au dehors la foule jugeait déjà très sévèrement à mesure qu'elle les voyait défiler. — M. le Juge d'instruction avait mis sans doute, ce jour-là des lunettes à verres spéciaux qui l'empêchèrent de voir ce que le simple bon sens du public n'avait aucune peine à constater.

Des accusateurs sérieux eussent été peinés d'avoir à faire de pareils aveux ; je le demande à tout homme de bonne foi, les auraient-ils même faits à six et huit ans de distance ?

On trouva cet acharnement tout naturel et pas une fois on n'éprouva le besoin de leur demander pour quels motifs et sur quelles sollicitations ils s'étaient décidés à se plaindre après tant d'années de silence.

J'étais navré de l'audace, de la malice de mes accusateurs, auxquels j'avais conscience d'avoir fait assez de bien pour mériter plus de ménagements de leur part ; plus navré encore de l'insuffisance du jeune magistrat qui allait décider de mon sort. L'affaire de Bretenoux a été la dernière dont il a dirigé l'instruction ; il donna sa démission tout de suite après, je ne sais trop pour quel motif ; les prévenus à venir n'auront pas à le regretter.

Les odieuses accusations dont on me chargeait remontaient si loin dans le passé que mes souvenirs n'étaient plus assez précis pour les confondre. Si le registre paroissial m'eût été communiqué comme je l'avais plusieurs fois demandé, il m'eût remis en mémoire des circonstances qui eussent éclairé victorieusement les débats.

Non seulement j'avais eu un missionnaire de Roc-Amadour en 1899, un jeune vicaire en 1897, mais toujours la retraite de première communion s'était donnée dans la chapelle du Couvent ; les religieuses y avaient gardé les garçons comme les petites filles pendant que j'entendais les aveux des uns et des autres dans un confessionnal fermé ; quand j'étais seul, j'avais l'habitude deux ou trois jours avant la première communion, de conduire ces enfants dans l'église d'un curé voisin auquel je demandais de les entendre, de peur qu'ils eussent manqué de franchise avec moi. C'était l'occasion de promenades charmantes où j'étais fier de mon petit troupeau dont les fronts rayonnaient d'innocence et de plaisir. Tous ces détails je les avais absolument perdus de vue et je ne songeai même pas à les signaler.

Jusqu'en 1899, le registre paroissial porte les noms de quatre-vingt six garçons préparés par moi à leur première communion. On réussit à recruter dans ce nombre onze accusateurs dont cinq n'ont pu se décider qu'à dire des choses presque insignifiantes; on en a interrogé un assez grand nombre d'autres ; parmi tous ceux qui ne m'accusent pas, un seul, entendez-vous bien? — un seul déclare qu'il y a huit ans, en 1896, il a entendu parler de ces faits par ses camarades, et il se trouve, par un hasard singulier, que le seul dont la mémoire ait conservé ce souvenir est..... devinez qui?..... le propre neveu de M. le maire !

Par un hasard non moins singulier, sur onze accusateurs, sept sont orphelins de père et de mère; trois sont fils, neveux ou petits neveux de candidats blocards ou de fonctionnaires ; tous les autres, clients assidus du bureau de bienfaisance.

J'eus beau faire ces observations verbalement ou par écrit, elles n'avaient, paraît-il, rien qui méritât d'attirer l'attention.

La confrontation avait duré plus de deux heures ; la voiture n'ayant pas attendu, mon avocat proposait de l'envoyer prendre de nouveau ; je le jugeai bien inutile, et, traversant la foule toujours sympathique, je revins à pied à la prison. Devant le portail, un petit groupe s'était formé pour me saluer respectueusement au passage. Adossée contre ce même portail, une de ces créatures vénales qui sont la honte de leur sexe murmura à mon oreille, comme je passais tout près d'elle : — « Tu es bien heureux, toi, qu'on te salue ! »

Eh, oui, j'en étais heureux, comme le Christ, montant au Calvaire, devait l'être des hommages des âmes généreuses qui pleuraient et se lamentaient sur son sort.

Pour me conduire au Palais de Justice, les gendarmes auraient pu m'enchaîner ; ils ne le firent pas. La presse sectaire ne manqua pas de leur en faire des reproches sévères, auxquels le jeune Procureur se permit de joindre les siens. On m'a assuré depuis qu'il n'avait rien à y voir, les gendarmes étant seuls juges des moyens qu'ils estiment nécessaires de prendre pour s'assurer de leurs prisonniers ; moins féroces que d'autres dont la responsabilité n'était pas engagée, ces braves gendarmes avaient compris que je n'avais aucune intention de leur échapper.

Réintégré dans mon infirmerie, j'y appris quelques jours plus tard que le juge d'instruction avait conclu à des poursuites et qu'il envoyait le dossier de l'affaire à la Chambre des mises en accusation.

Celle-ci allait-elle prononcer un non-lieu ou me déférer à la Cour d'assises. Une semaine s'écoula encore dans cette incertitude. Des amis m'écrivaient du dehors et presque tous faisaient des vœux pour la Cour d'assises; la lumière, disaient-ils, s'y ferait plus complète, la confusion de mes adversaires y serait plus grande, le triomphe plus éclatant. Ils avaient raison, sans doute : les événements l'ont bien prouvé. — Mais j'avais beau me raisonner, je ne pouvais me résoudre à être de leur avis. Très pacifique de ma nature, quoi qu'on en ait dit et quoi qu'on puisse en penser encore, pas processif pour un sou, j'étais arrivé à 47 ans sans avoir jamais comparu même devant un juge de paix; la mise en scène de la Cour d'assises m'effrayait et, de tout cœur, je souhaitais le non-lieu. Sur le conseil de mon avocat, j'écrivis en ce sens à la Chambre des mises en accusation et j'attendis sa décision en répétant les paroles de Jésus à la grotte de l'agonie : — « Père, s'il est possible, que ce calice passe loin de moi !.. Cependant, que votre volonté soit faite et non pas la mienne ! »

Ce fut M. Pérès qui vint m'annoncer la triste nouvelle; il connaissait mes préférences et il souffrait à la pensée de détruire le faible espoir qui me restait encore. Je devinai à demi-mot. Faisant appel à tout mon courage : « Va pour la Cour d'assises, lui dis-je; il faudra boire le calice jusqu'à la lie, et gravir jusqu'au bout mon calvaire ! »

Un peu plus tard, le gardien-chef, faisant son entrée dans ma chambre, m'annonçait que je venais de monter en grade: de simple prévenu j'étais devenu accusé. Je n'en fus pas plus fier pour cela, mais je restai fort heureusement convaincu que je tenais désormais mon bâton de maréchal et qu'on ne réussirait jamais à faire de moi un condamné.

CHAPITRE X

NOBLE ET TOUCHANTE ATTITUDE DE LA PAROISSE

Coquettement assise sur la rive gauche de la Cère qui descend fraîche et gazouillante des montagnes du Cantal, la petite ville de Bretenoux occupe, aux pieds même du manoir féodal de Castelnau, une situation délicieuse. Bâtie en plein moyen âge, sur un plan arrêté d'avance, comme toutes les bastides de la même époque, elle garde encore de remarquables vestiges de son ancienne gloire. Ses rues et ses moindres ruelles, tirées au cordeau, aboutissaient à huit portes ogivales qu'on fait disparaître l'une après l'autre, sous prétexte d'élargir les voies devenues trop étroites; une seule a été épargnée jusqu'ici par le marteau des démolisseurs. De l'épaisse et haute muraille qui l'enserrait de tous les côtés, il ne reste plus que quelques pans, assez cependant pour que l'archéologue puisse reconstituer l'enceinte dans toute sa majesté.

Au centre de la petite cité carrée, on peut voir la place du marché avec ses porches, espèce de marché couvert que l'on retrouve en beaucoup d'autres endroits; au milieu, l'antique fontaine monumentale que couronne une grande croix de fer et, dans le fond, l'église paroissiale, effondrée sous le poids des années, dont la façade demeurée seule debout porte encore la vieille horloge municipale.

Elle ne devait pas manquer d'originale beauté, la cité moyenâgeuse, avec ses arceaux romans et gothiques, ses fenêtres à croisillons ouvragés, ses maisons à pignons aigus dont l'étage supérieur se penchait curieusement sur la rue déjà trop étroite, ses hôtels à tourelles et à portail majestueux qui baignaient leurs pieds dans la rivière ! Mais vint un moment où la population dut se trouver trop à l'étroit derrière ces épaisses murailles et les éventra sans pitié. La chapelle du cimetière, en dehors de l'enceinte fortifiée, fut agrandie à diverses époque, et devint l'église paroissiale, toute faite de morceaux disparates. Elle cache aujourd'hui sa vétusté sous les noyers et les lierres, au bord de la route nationale; celle-ci fait à Bretenoux un boulevard moderne, au milieu duquel la pauvre église doit avoir conscience de n'être plus un monument digne de la majesté du Dieu qui l'habite.

Ici, comme partout, le caractère des habitants a subi l'influence et de la beauté du site, et de la douceur du climat, et de la richesse du sol. La population de Bretenoux, la vraie, gagne à être connue; il ne faudrait pas la juger à la légère et sur une impression ressentie en passant.

Je me souviens d'avoir traversé Bretenoux, un soir d'été, dans ma jeunesse; j'avais vingt ans et ne me doutais guère que j'en serais un jour le curé. J'en emportai une impression déplorable : j'avais remarqué, flânant çà et là sur la route, ou assis à la porte de quelque cabaret, une douzaine de bohêmes dépenaillés, pieds nus, à la voix éraillée, aux traits ravagés par le vice ou l'ivrognerie. — Cet élément, hélas! existe toujours et malheureusement c'est encore lui qui continue à frapper le regard des nombreux étrangers qui traversent la localité.

Mais ce n'est là que l'exception; c'est l'écume qui monte à la surface; qu'on se donne la peine de l'écarter, le cristal des eaux n'en est pas terni.

Quoique Bretenoux porte depuis des siècles le titre pompeux de « ville », sa population est essentiellement agricole : la propriété rurale y est très morcelée; il y a peu d'habitants qui ne possèdent leur coin de terre; les petits commerçants eux-mêmes, qui y sont en assez grand nombre, sont paysans à leurs heures et ne dédaignent pas de soigner leurs vignes, de cultiver leurs champs et de faucher leurs prés.

Le travail des champs qui est sain pour le corps ne l'est pas moins pour l'esprit. C'est à lui, pour une grande part, que les habitants de Bretenoux doivent la conser vation de leurs traditions, la douceur et la loyauté de leur caractère.

Sans doute, le soleil darde plus directement ses rayons au milieu de la riante plaine ; les têtes s'en ressentent un peu, elles sont ardentes, mais d'une ardeur qui se calme très vite; le premier moment d'effervescence passé, la sagesse reprend ses droits.

Il y a peu de populations qui seraient capables de supporter les dénis de justice, les provocations non dégui sées, les abus de pouvoir, les dénonciations méchantes avec la patience que l'on y met ici : un trait mordant, une saillie spirituelle, telles sont le plus ordinairement les seules armes employées contre les auteurs de toutes ces vilenies.

Ce n'est pas seulement d'aujourd'hui qu'il en est ainsi. — On raconte qu'il y a quelques cinquante ou soixante ans, un habitant de Bretenoux s'étant oublié jusqu'à parler irrévérencieusement du maire de l'époque, celui-ci le traduisit devant le Juge de Paix : le coupable fut condamné à faire publiquement amende honorable au magistrat municipal. Le dimanche suivant, à la sortie de la messe, devant la population assemblée au son du tambour, il dut faire la déclaration suivante : « Mes amis, j'avais eu le malheur de dire du mal de M. le maire; un arrêt de Justice m'oblige à vous affirmer que c'est un parfait honnête homme ». — Et il s'empressa d'ajouter : « Mais, faites bien attention, M. le Juge ne m'a pas condamné à vous le faire croire ! »

Les rieurs, comme bien vous le pensez, ne furent

point du côté de M. le maire : la boutade était plus spirituelle que méchante.

Méchants, les braves Bretenousiens ne le sont pas; aussi les autres abusent-ils un peu de leur mansuétude. Ils en abusent au point de s'en effrayer eux-mêmes et, dans certaines circonstances, se rendant bien compte qu'ils avaient dépassé la mesure, ils ont senti le besoin de se faire protéger par les gendarmes; ailleurs, c'eût été peut-être prudent ; ici, ce fut pure couardise.

Les mœurs sont trop douces pour qu'on ait à redouter des violences. Si parfois le lion populaire fait entendre quelques rugissements, c'est que vraiment on s'acharne trop à l'exciter.

Depuis quelques années, les provocations succèdent aux provocations; les procès ridicules à des procès plus ridicules encore; les condamnations s'ajoutent aux condamnations, les enquêtes aux enquêtes, les tracasseries aux tracasseries ; — c'est merveille qu'une population sache garder son calme en présence de pareils excès; il faut qu'elle ait au cœur d'inépuisables trésors de patience et de philosophie.

Une seule fois, cette mansuétude parut être en défaut; ce fut au moment même de mon arrestation. Le coup était si abominable qu'il valait bien la peine de s'indigner un peu. Mais, que de modération encore dans cette circonstance !

Des cris de douleur, des larmes, des efforts pour m'arracher au danger que j'étais le seul à ne pas bien voir... et ce fut tout. Ni ces messieurs du parquet, ni les gendarmes ne reçurent un mauvais coup. Mon arrestation une fois effectuée, ce fut la stupeur, la douleur muette ; on avait mandé la gendarmerie de St-Céré en prévision de troubles possibles; c'était bien inutile ;

cette soirée du 31 janvier fut, m'a-t-on assuré, une soirée de deuil et de désespoir : nul ne songeait à provoquer des troubles.

Dès le lendemain, chacun avait repris possession de soi-même ; on ne pensa plus qu'aux moyens de m'arracher au piège dans lequel la malice des sectaires m'avait poussé.

Pendant les quarante-cinq jours que dura mon absence, la population fut admirable d'intelligence et de dévouement. Le président de la Fabrique, riche propriétaire, descendant de l'antique et noble famille des d'Araquy, se souvint-il de la fière devise de ses ancêtres : « *Tsomaï nou flaqui* ! » (1) ? Toujours est-il que, le curé n'étant plus là, il eut conscience des devoirs que lui imposait sa charge et il sut les remplir avec un tact et une énergie qui lui concilièrent l'estime de tous les honnêtes gens.

D'accord avec les autres membres de la Fabrique qui, pas plus que lui, ne doutaient de leur curé, il décida que la paroisse étant en deuil, les cloches ne sonneraient que pour une messe unique le dimanche, et pour les sépultures, s'il y avait lieu ; pendant toute la semaine, l'église devait demeurer fermée.

Monseigneur ayant reçu une lettre par laquelle quelques personnes qui s'intitulaient : « Les vrais fidèles de Bretenoux » lui demandaient l'ouverture de l'église, Sa Grandeur en référa au président qui lui répondit en maintenant sa décision première, motivée avec une énergie et un bon sens admirables.

La chère paroisse garda religieusement son deuil jusqu'à la fin de l'épreuve. L'église presque toujours fermée, le silence des cloches, la consternation de toutes

(1) Jamais je ne fléchis.

les familles honnêtes, l'absence de toute réjouissance en ce temps de carnaval,... tout cela donnait l'impression qu'un grand malheur avait frappé le pays; l'étranger qui le traversait en éprouvait une émotion dont les échos me vinrent jusque dans ma solitude.

Le maire, dont toutes ces manifestations de l'opinion publique troublaient la tranquillité, avait pris un arrêté interdisant les attroupements, les déguisements de toute nature : c'était l'état de siège, au profit de la poignée de sectaires qui intriguaient encore dans l'ombre pour corser leurs stupides accusations.

Les âmes fidèles ne manquèrent pas de recourir à Celui qui juge les Justices. On priait beaucoup pour le prisonnier au foyer des familles chrétiennes; on se rendait en foule, plusieurs fois la semaine, malgré la pluie incessante et des chemins impossibles, à la chapelle de Notre-Dame de Félines, antique sanctuaire très en honneur dans la région, où des messes étaient célébrées pour demander à Dieu le triomphe de la vérité.

Quelques-uns de ceux qui ont assisté à ces touchants pèlerinages m'en ont parlé en des termes dont je suis encore très vivement ému ; Dieu seul a pu compter les prières et les larmes qui furent répandues, en ces douloureuses circonstances, dans cette chapelle de la Bonne Mère.

A la prière, mes bons paroissiens surent joindre l'action, mais l'action intelligente et dévouée jusqu'à l'héroïsme.

Pendant quarante jours et surtout pendant quarante nuits, ils s'érigèrent en policiers actifs et discrets ; ils jugèrent avec raison qu'en une circonstance si extraordinaire il leur était permis de recourir à des moyens extraordinaires, à des industries qui, en tout autre temps, leur eussent paru répugnantes : ils collèrent leurs oreilles aux fentes des vieux murs, ils écoutèrent aux portes ; dans le silence et l'obscurité de la nuit, ils dressèrent des échelles contre la fenêtre ou l'évier de certaines maisons ; ils se condamnèrent à passer de longues heures dans un galetas ou une étable à cochons ; ils se dissimulèrent sous une table ou sous un pétrin renversé en pleine rue,... tout cela pour surprendre des conversations qu'ils soupçonnaient ne devoir pas manquer d'intérêt. Leur espoir ne fut pas déçu : ce qu'ils entendirent ainsi est à faire frémir d'horreur.

Quand ils vinrent le raconter devant la Cour d'assises, l'avocat général n'avait pas tort de s'écrier : « C'est terrifiant ! » Oui, c'est terrifiant de penser que le cœur humain puisse descendre à un pareil degré d'abjection ! Mais ce qui est plus « terrifiant » encore, c'est de constater que cinquante témoins honorables aient pu jeter sur cette affaire une si éclatante lumière sans qu'il y ait eu un châtiment pour personne !

La Providence voulut que l'active police organisée par mes paroissiens ne fût pas même soupçonnée. Les langues, ordinairement si promptes à parler, surent se taire cette fois ; les propos entendus dans la nuit étaient consignés dès le matin suivant et on n'en parlait plus.

Les intéressés ne se doutaient guère qu'on les écoutait quand ils se disaient entre eux — : « Ne parlons pas si haut ; si on nous entendait, on verrait bien que nous sommes de faux témoins. »

Il ne se croyait pas entendu davantage celui qui disait : — « N'aie pas peur ! — Dis-en toujours assez. — Tu sais ce qu'on t'a promis : il te vaudra mieux gagner mille francs par an en te promenant que de travailler la terre... »

Tous les accusateurs n'avaient pas le même cynisme; l'un d'eux éprouvait d'abord quelque répugnance devant le rôle odieux qu'on lui avait assigné. — « Je ne veux pas aller à Figeac, disait-il, M. le Curé ne m'a rien fait ! » — « Nous le savons bien, lui répondait-on, mais tu iras et tu diras comme les autres, comme t'a dit un tel... On ne gagne pas cinquante francs chaque jour ! »

Et, sous le plancher vermoulu, un œil indiscret contemplait cette scène infernale, une oreille honnête entendait ces propos sataniques !

Tous ces témoignages et beaucoup d'autres du même genre furent rapportés en Cour d'assises. Ils étaient si forts qu'ils en perdaient de leur vraisemblance ; d'autant plus que les braves gens qui les produisaient évitaient de dévoiler les moyens auxquels ils avaient eu recours pour surprendre de si horribles secrets.

Quand je les entends aujourd'hui me répéter ces choses, dans l'intimité d'une conversation particulière, avec un accent de sincérité qui ne peut laisser aucun doute, je me sens saisi d'un grand effroi et tout mon être se soulève de dégoût. — Comment est-il possible, mon Dieu, que le caprice ou l'intérêt puisse avilir à ce point des âmes que vous aviez faites à votre image !

Pendant que mes paroissiens travaillaient ainsi à faire la preuve matérielle de mon innocence, dans la prison de Figeac, je ne cessais de demander à Dieu le triomphe de la vérité.

Humainement, ce triomphe me paraissait bien difficile. En pareilles matières, il n'est pas aisé de se disculper : nos adversaires le savent bien !

Je ne pouvais compter que sur mes dénégations indignées, sur mes antécédents bien connus, sur l'indépendance de mon attitude, sur l'estime dont m'entouraient, depuis quinze ans, les fidèles de ma paroisse, et aussi... sur la qualité de mes accusateurs. En d'autres temps, ces considérations eussent été de quelque poids. Aujourd'hui, hélas! elles n'avaient pas empêché mon arrestation à grand orchestre; elles n'avaient pas suffi à éclairer le juge d'instruction ni les membres de la Chambre des mises en accusation... elles n'auraient peut-être pas suffi davantage à me justifier devant les assises!

Soyez mille fois béni, mon Dieu! d'avoir inspiré à mes paroissiens l'idée de cette surveillance si intelligente et si discrète, d'avoir permis que se réalisât une fois de plus la parole du Roi-Prophète: *Mentita est iniquitas sibi.*

« L'iniquité s'est prise à ses propres pièges. »

CHAPITRE XI

NOMBREUSES MANIFESTATIONS DE SYMPATHIE

« Tant que la fortune vous sourira, dit le poète latin, vous compterez beaucoup d'amis; mais si l'adversité vient à fondre sur vous, on vous laissera bien seul. »

Donec eris felix, multos numerabis amicos;
Tempora si fuerint nubila, solus eris.

Il devait sans doute en être ainsi dans la société païenne; il en est encore de même dans le monde égoïste et léger, toujours prêt à s'incliner devant la puissance et le succès.

C'est l'honneur de la religion du Christ d'avoir mis dans les âmes des sentiments autrement nobles et généreux. Non seulement le chrétien digne de ce nom ne sera jamais capable de recourir au mensonge pour perdre un adversaire, si redoutable qu'il lui paraisse, mais il ne pourra même pas se défendre d'un sentiment de pitié, s'il le voit accablé par le malheur. Nous ne savons pas exploiter le scandale contre nos adversaires comme ils l'exploitent contre nous. Nous ne savons pas trépigner d'aise et pousser des hurlements de triomphe quand un des leurs succombe, comme ils savent le faire quand c'est un des nôtres qui est frappé. Les scandales laïques, pour si nombreux qu'ils soient, ainsi qu'en témoignent les statistiques officielles, passent presque toujours inaperçus. Le moindre scandale religieux, au contraire, est immédiatement porté par la voix de la presse jusque dans nos villages les plus écartés.

Dès qu'une accusation est lancée contre un prêtre, un religieux, voire contre un laïque ayant quelques attaches cléricales, avant même de savoir s'il est coupable, toute la meute donne avec fureur contre lui ; les journaux de Paris et de la province prennent leurs plus gros caractères pour annoncer : **“ Un Scandale clérical ”. — “ Un Monstre en soutane ”. — “ Le Satyre de X ”** ; j'en passe et non des moins grossiers.

Nous n'avons pas ces mœurs : c'est peut-être une des causes de notre infériorité. Faut-il s'en plaindre ? — Je ne le crois pas. Entre une défaite glorieuse et un triomphe déshonorant, notre choix ne saurait être douteux.

Arrêté comme un malfaiteur, prisonnier, mis au secret, chargé des plus ignobles accusations, représenté par certains journaux comme un monstre flétrisseur d'enfants, j'étais bien un vaincu de la destinée.

Je subissais l'épreuve suprême, au-dessus de laquelle il ne peut y en avoir d'autre. Quand ils sauront, disait en substance un journal de la région, les charges accablantes qui pèsent sur lui, les habitants de Bretenoux seront honteux d'avoir protesté contre son arrestation.

Allais-je donc être abandonné de tous et rester seul au sein de la terrible épreuve ? Cet abandon, s'il s'était réellement produit, eût été le point le plus douloureux de mon martyre.

Ah ! combien je comprends maintenant tout ce que renferme de tristesse et d'angoisse le reproche de Notre-Seigneur aux apôtres qui dormaient pendant son agonie : « Vous n'avez donc pas pu veiller une heure avec moi ! »

La Providence voulut m'épargner ce tourment. Qu'elles furent nombreuses les âmes qui veillèrent et qui prièrent pendant les quarante-cinq jours de ma captivité !

Tandis que j'agonisais, les deux premiers jours, sous l'obsession de cette pensée : On ajoutera foi à toutes ces infamies ! tu vas être le sujet d'un épouvantable scandale ! la nouvelle de mon arrestation se répandait un peu partout.

Dès le premier moment, la conscience publique fit justice de l'odieux guet-apens dont j'étais victime. Les échos de son indignation commencèrent à m'arriver dans la soirée du deux février et ne discontinuèrent pas jusqu'à la fin.

Des amis et des inconnus, des prêtres et des laïques, des jeunes gens et des vieillards, de pauvres ouvriers et de nobles châtelains se rencontrèrent dans le même sentiment et voulurent m'en envoyer l'expression.

Des lettres m'arrivaient chaque jour par dizaines, répandant un baume bienfaisant sur la blessure de mon cœur ; bientôt le soin de répondre à chacune d'elles un mot de reconnaissance absorba heureusement presque tout mon temps. Près de cinq cents lettres vinrent ainsi soutenir mon courage dans la prison. Je les garde comme un souvenir précieux, avec les deux mille qui, après l'heureuse issue du procès, m'apportèrent d'enthousiastes félicitations.

Ainsi que tout détenu, je n'étais pas le seul à lire mon courrier. Le gardien-chef, qui recevait mes lettres, en prenait d'abord connaissance et les transmettait au Procureur de la République ou au Juge d'instruction qui les revêtait de son visa. Je doute fort que ces messieurs les aient toutes lues : il y en avait trop. Ils durent cependant y apporter quelque attention, car quelques-unes m'arrivèrent avec des phrases soulignées au crayon rouge ; d'autres furent retenues.

Parmi les nobles cœurs qui m'écrivaient, quelques-uns ne supposaient évidemment pas qu'avant toute condamnation le prisonnier ne reçoit ses lettres que décachetées et visées ; aussi ne se gênaient-ils guère pour dire ce qu'ils pensaient et de l'odieuse machination montée contre moi, et de ceux qu'ils en supposaient les auteurs, voire même des magistrats qui avaient si facilement pris au sérieux, malgré leur invraisemblance, de pareilles accusations.

Il ne doit pas arriver souvent qu'un prévenu reçoive de si nombreux témoignages de confiance et d'estime. Je me demande ce que pouvait penser le Juge d'instruction en lisant ces pages si touchantes et si éloquentes.

Il ne paraît pas qu'il s'en soit autrement ému, puisque sa conviction de ma culpabilité n'en fut pas ébranlée.

Par le nombre et la diversité des signataires, l'ensemble de ces témoignages formait cependant un faisceau de présomptions en ma faveur, qui n'était pas à dédaigner.

On me pardonnera quelques citations qui sont plus à l'honneur de ceux qui les ont écrites que de celui à qui elles étaient adressées.

Ce fut d'abord l'Evêque du Diocèse qui, dès la première nouvelle de mon arrestation, m'écrivait : — « Je n'ai pas été troublé... tous ceux qui vous connaissent sont persuadés que vous n'avez pas donné prise à ces accusations et que vous démontrerez facilement leur fausseté. Bon courage ! Nous prions pour vous. »

Les confrères du Doyenné de Bretenoux, eux qui m'avaient vu à l'œuvre et qui me connaissaient mieux que personne, tinrent à honneur d'être les premiers à manifester leurs sentiments :

— « Laissez-moi vous dire par écrit ce que je ne puis vous dire de vive voix. Vous avez toujours eu et vous aurez toujours de plus en plus toute mon admiration, toute ma confiance, toute mon estime, toute mon affection. Ne vous laissez pas abattre, ami très digne ; conservez tout votre courage ; je n'ai vu personne qui doute de votre innocence. Vous nous reviendrez grandi, triomphant. Après le Calvaire, vous aurez le Thabor. »

— « Cher et vénéré Doyen, nous sommes avec vous de cœur. Nous souffrons avec vous et nous voudrions, pour vous décharger d'autant, prendre sur nous une bonne partie des peines que vous supportez innocemment... Il y a toujours affluence de monde chez moi pour demander de vos nouvelles. C'est vous dire la grande sympathie dont vous jouissez au milieu de nous ; c'est vous dire aussi combien nous soupirons tous après le triomphe de votre cause que nous ne voudrions pas être différé... »

— « Je ne veux pas tarder davantage à vous envoyer l'hommage de ma profonde vénération, de ma chaude sympathie, et de ma douleur indignée... L'infâme manœuvre dont on se sert contre vous ne soulève autour de moi qu'étonnement et indignation contre ceux qui sont soupçonnés de l'avoir organisée. »

— « ... Avant l'horrible calomnie dont on veut vous rendre victime, nous vous aimions, nous vous estimions; aujourd'hui, nous vous aimons davantage à cause de votre épreuve, nous vous estimons tout autant et de plus nous vous admirons comme un confesseur de la Foi. Si vous êtes dans l'épreuve et persécuté, nous savons que c'est à cause de votre devoir accompli, pour avoir défendu la Sainte-Eglise... »

De tous les points du diocèse, des confrères attristés m'écrivaient dans le même sens :

— « Après ce qui avait eu lieu, il manquait à votre couronne et il ne pouvait pas manquer longtemps ce qui est arrivé dimanche et qui dure encore. Si ma voix était autorisée plus que par les années, je vous féliciterais... »

— « J'ai vu verser bien des larmes sur votre sort... nous vous regardons comme une grande victime et un véritable martyr de la cause de Dieu. »

— « Quand on a, ainsi que vous, Dieu et sa conscience pour refuge, on peut faire front à l'orage et voir venir la justice des hommes... Sous les coups cinglants de la tourmente, persévérez dans votre magnifique vaillance de chrétien et de prêtre... C'est maintenant plus que jamais que vous travaillez à la rédemption de vos frères et que vous vous tressez à vous-même une belle couronne... L'opinion vous est de plus en plus favorable et les amis de cœur qui prient et souffrent avec vous forment légion. »

— « La secte impie a dit : *Opprimamus justum* (1), mais elle n'aura fait que grandir le Prêtre fidèle que vous fûtes toujours. Cette auréole aura été bien chèrement acquise, hélas ! mais elle n'en sera que plus belle; que Dieu vous vienne en aide ! »

— « Je vous connais depuis si longtemps, je garde un si bon, un si pieux souvenir des excellentes relations que nous eûmes pendant que vous étiez encore petit séminariste. Je vous vois toujours le meilleur parmi les bons, le plus exact, le plus édifiant, le modèle de tous. J'avoue que si l'on m'eût annoncé que parmi les séminaristes que j'ai vus durant mon vicariat, l'un d'eux serait traité comme vous l'êtes, je n'aurais jamais songé à vous. Il est vrai qu'aucun n'a eu plus que vous la gloire de bien remplir son ministère, de lutter contre le mal et les mauvais, et surtout le périlleux honneur de triompher d'eux. Et c'est ce qui vous a valu le sort réservé aux apôtres. »

— « Tout le diocèse est avec vous de cœur et de prière... Vous devez être bien fort, puisque Celui qui mesure l'épreuve à la force de résistance vous a réservé celle-ci... Jusqu'ici vous n'étiez que le *Miles Christi* (2); vous voilà maintenant le *Vinctus Christi* (3). »

(1) Opprimons le juste.
(2) Soldat du Christ.
(3) Prisonnier du Christ.

— « La vérité sera plus forte que la haine et elle aura bien son jour de triomphe... Personne ne doute de votre innocence ; le coup dont on a voulu vous frapper ne fait que vous grandir dans l'estime et dans l'affection de vos frères. »

— « Faut-il vous dire que je ne suis pas surpris outre mesure de ce qui vous arrive ? Un prêtre, un curé peut-il faire tout son devoir sans provoquer les colères de l'enfer ? Pour moi qui ai visité au mois de septembre la Prison Mamertine et baisé les chaînes de Saint-Pierre, j'ai médité une fois de plus les paroles du Sauveur : « Ils vous traduiront devant les juges et les présidents... Mais souvenez-vous que je vous ai prédit ces choses... » Vous serez heureux de savoir que votre détention produit dans toute notre région un excellent effet. Tout ce que j'ai de meilleur ici prie pour vous et de tout cœur... »

— « J'aurais voulu être des premiers pour vous dire que l'épreuve que vous subissez n'a fait que vous grandir dans mon estime et dans mon admiration. Le bon Dieu vous a choisi parce qu'en vous plus que dans tout autre il savait qu'il trouverait la force et les vertus sacerdotales commandées par une situation si délicate... »

— « La Providence tirera le bien du mal et fera servir à votre propre triomphe, et surtout au triomphe de la religion, le complot qui, dans l'intention de ses auteurs, devait amener votre perte.

« Si le monde vous hait, sachez qu'il m'a haï avant vous... Ayez confiance, j'ai vaincu le monde. »

— « En voyant les épreuves que traversent souvent les plus vaillants dans le sacerdoce, je pense au mot si profond et si divin : « On vous détestera à cause de mon nom. » Et il me semble que ceux qui sont atteints de cette haine sont ainsi marqués d'un cachet spécial, le cachet des victimes qui souffrent pour le bon Maître. Aussi je m'incline très bas devant vous en vous envoyant l'hommage de mon respect, auquel je sais que vous voulez que j'ajoute celui de ma bien vive affection... »

— « Peut-il y avoir une plus lourde croix à porter pour une âme de prêtre, et une âme comme la vôtre ! Mais aussi comme on vous admire. Vous êtes de ceux dont on peut dire : « Ils ont été jugés dignes d'être méprisés pour le nom de Jésus. » Courage, le Maître n'a-t-il pas dit : « Votre tristesse sera changée en joie ! »

— « Me voilà de retour de Bretenoux où je me suis rendu aujourd'hui même!.. Le presbytère ne désemplit pas et semble devenu un lieu de pèlerinage pour vos paroissiens. La physionomie de Bretenoux est admirable et en dit long en votre faveur. Soyez tranquille, nous vous connaissons; personne ne se fait illusion sur le mystère d'iniquité et nous vous conservons toute notre estime avec notre affection. »

— « J'ai relu dans Rohrbacher le IVe siècle de l'Eglise. Je voudrais qu'il vous fût possible de parcourir ces pages et de retrouver l'intervention divine qui éclate dans les ouvriers de la civilisation chrétienne à travers les persécutions : St-Hilaire, St-Eusèbe de Verceil, St-Athanase... Ce que Dieu a fait pour eux, Il le fera pour vous.... »

— « C'est bien à cause de Dieu et de sa religion dont vous avez été toujours l'intrépide défenseur que les méchants ont dressé contre le prêtre de Jésus-Christ le mensonge et la calomnie. Mais tout cet échafaudage d'iniquité croulera un jour sous le poids de la vérité....

Nous estimons que ce sont plutôt des félicitations que des condoléances que nous vous devons, car vous sortirez de cette épreuve, non pas amoindri et déshonoré, mais largement glorifié. »

Dans les témoignages venus du monde laïque, la note n'est ni moins émue, ni moins indignée :

— « Permettez-moi de vous exprimer ma douloureuse et bien sincère sympathie à l'occasion des tristes événements dont vous êtes la victime... Les honnêtes gens sont de cœur avec vous et ne peuvent trouver d'expressions assez fortes pour qualifier les lâches personnages qui ont eu l'infamie de porter contre vous, l'homme vertueux par excellence, de pareilles accusations.... Courage, et vous sortirez de là grandi et, s'il est possible, plus estimé et plus aimé que vous ne l'ayez jamais été... »

— « Vous, en prison ! Vous détenu, humilié, châtié ! et pourquoi ? pour avoir fait trop de bien, pour avoir été toujours le modèle du prêtre.... Tous ceux qui vous connaissent donneraient leur vie pour affirmer votre innocence et ceux même qui détestent le prêtre et la religion n'osent pas vous dire coupable. Vous nous reviendrez bientôt en triomphateur... Cette terrible épreuve vous aura gagné bien des cœurs...... »

— « Il ne manquait à vos vertus d'apôtre que l'auréole de la souffrance. Vous subissez la plus cruelle. Si vous pouviez grandir dans la vénération et l'attachement de tous ceux qui ont l'honneur de vous connaître, ce serait bien en gravissant ce Calvaire avec la sérénité du Juste. J'appelle de tous mes vœux l'heure de la réparation publique, de la rentrée bénie et triomphale à Brotonoux.... »

— « Il fallait une victime, et Dieu a choisi... la plus

généreuse. Aussi nous apparaissez-vous maintenant comme entouré de l'auréole du martyre. Combien est magnifique le concert de louanges qui s'élève de tous les pays que vous avez évangélisés ! Nous souffrons mais nous espérons.... »

— « Jusqu'ici je m'étais contenté d'admirer votre belle et vaillante conduite; tout à l'heure, j'envie votre sort... Désormais, aucune gloire ne vous manquera. Courage, beau confesseur de la foi, nous sommes tous avec vous, et bientôt, pour l'applaudir, nous nous associerons à votre éclatant triomphe.... »

— « O très cher prisonnier, que ta cellule est belle !
On ceint ton noble front d'une gloire immortelle.
Je voudrais, comme toi, souffrir pour notre Dieu.... »

— « Venant d'apprendre la triste nouvelle qui vient de mettre Bretenoux en émoi, nous croirions manquer à notre devoir en ne venant pas vous témoigner combien nous sommes peinés de ce triste événement auquel nous étions loin de nous attendre. Quoi que puissent dire les ennemis qui cherchent à vous perdre, notre estime restera toujours la même, car nous connaissons votre conscience droite.... »

Cette dernière lettre me venait d'un pauvre ouvrier qui, après avoir passé quelques années à Bretenoux, en était parti pour gagner sa vie ailleurs : de tous les témoignages qui m'arrivaient, les plus humbles étaient ceux qui m'allaient le plus droit au cœur.

A cet immense concours d'hommages mes paroissiens apportèrent une large part; leurs lettres furent bien touchantes; qu'on en juge :

— « Nous ne voulons pas tarder davantage à vous dire combien nous sommes malheureux et combien nous prenons part à votre peine! C'est une bien rude épreuve pour nous qui vous sommes si fortement attachés; Dieu, espérons-le, ne vous abandonnera pas. »

— « Cher monsieur le curé, vous connaissant comme je vous connais, oh! qu'il me répugne de mettre votre nom qui mérite tant d'estime et d'affection sur la même enveloppe avec celui de prison!... Je ne sais comment m'expliquer pour vous faire comprendre combien votre départ a mis le deuil dans la paroisse.... Comme vous devez souffrir devant de pareilles accusations! Quant à moi, je ne vous dis pas ma douleur, elle est trop grande, Dieu seul peut la connaître. Hier au soir, me trouvant tout seul dans l'Eglise, je suis tombé à genoux devant ce Dieu que vous avez l'habitude de prier avec tant d'amour et je lui ai demandé en grâce de nous venir en aide.... C'est un crève-cœur de voir ce qui se passe ici. Votre lettre de ce matin à votre père est lue par tout le monde et maintenant elle est illisible, tellement elle est mouillée de larmes.... »

— « Depuis votre arrestation, je n'ai cessé de prendre part à vos peines et Dieu sait le nombre de fois que j'ai été, par la pensée, avec vous dans la maison d'arrêt de Figeac.... Attendez patiemment le jour bien proche du triomphe de la vérité, en pensant que vous faites suite à tant d'autres pauvres innocents qui, comme vous, ont été mis en prison et conduits devant les tribunaux, accusés faussement, n'ayant commis d'autre crime que celui d'avoir fait leur devoir pour la défense de la cause du Christ... »

— « La terrible journée du 31 janvier n'a pas changé nos sentiments à votre égard, elle n'a fait que les affermir.... Ici, tous les honnêtes gens nous sommes convaincus que vous êtes victime d'une grande injustice...

Cela est affreux pour nous de vous savoir dans la situation où vous êtes, mais la lumière se fera sous peu.... »

— « Cher et bien-aimé pasteur, il me semble qu'il y a un siècle que vous êtes parti pour le calvaire... mon cœur ne peut plus attendre sans venir vous dire, en mon nom et au nom de toute la famille, toute notre reconnaissance. Mes deux enfants, que vous avez pourtant élevés aussi bien que les autres malheureux, me répètent tous les jours le bien que vous leur avez fait... »

— « J'ai été si ébranlé, surtout à mon âge, par le terrible malheur qui en vous frappant nous frappe tous que je ne m'étais pas senti encore la force de vous porter l'expression de la douleur qui oppresse mon cœur de vieillard... Nous sommes fiers et heureux de vous attester que plus on cherche à vous humilier, plus nous sentons notre estime et notre vénération s'accroître à votre égard... Si vous êtes l'objet d'une si odieuse machination, c'est que, vaillant soldat du Christ, vous avez défendu avec ardeur et énergie la cause de Dieu.... Ce que vous devez souffrir doit être atroce... Mais cette douleur nous la partageons et en ressentons toute l'amertume.... »

— « Je ne suis pas encore consolé de n'avoir pas été là quand vous êtes parti afin de vous montrer, comme les autres, mon affection et mon dévouement... Quel spectacle en rentrant dans la ville ! quel changement en si peu de temps ! partout des attroupements ; devant toutes les portes, des femmes et des enfants qui pleuraient, des hommes blêmes de colère, maudissant leur impuissance... Vous qui aviez l'habitude de tant vous dépenser pour soulager les autres, vous devez trouver fort que, malgré notre bonne volonté, nous ne puissions apporter aucune amélioration à votre sort! Courage, cela ne durera pas ainsi... Dieu ne résistera pas longtemps à nos supplications et vous nous serez rendu plus grand, ennobli par la souffrance... »

— « Comment, M. le curé, c'est bien vous que l'on accuse de choses ignobles, vous que nous avons toujours vu au devoir et employant toutes les ressources de votre intelligence pour y maintenir les autres! J'ai grandi près de vous, j'avais à peine quatorze ans à votre arrivée chez nous, et je n'ai reçu de votre part que de bons conseils... Nous savons combien vous vous dépensiez pour ces premières communions!... »

— « Permettez que je vous adresse ces quelques lignes, je ne puis plus résister au désir de mon cœur.., Je ne puis pas comprendre qu'il ait pu se trouver parmi mes camarades de catéchisme quelques malheureux capables de pareilles infamies.... S'ils s'étaient rappelé seulement la plus petite partie des belles instructions que vous nous donniez... Je me souviens, moi, combien vous étiez bon et dévoué pour votre petit troupeau.... »

— « Nous avons su que vous êtes transféré à Cahors depuis quelques jours pour y attendre votre prochaine comparution devant les juges. Tant mieux! cela nous prouve que vous arrivez au terme de vos épreuves.... A voir les hommes, les juges devineront leur œuvre, et je suis bien sûr qu'ils ne s'y méprendront pas. Quel parallèle, cher et vénéré ami, lorsque, en regard de leurs odieuses machinations, on exposera aux juges votre passé, votre vie sacerdotale qui vous a attiré partout le respect et l'admiration de tous, particulièrement à Bretenoux, où, depuis quinze ans, vous n'avez cessé de gagner l'estime, l'affection, la vénération de tous les honnêtes gens par votre dévouement, par votre charité toujours inépuisable pour les pauvres et les malheureux, par votre bonté qui vous inspire encore des paroles de pardon pour vos persécuteurs.... Vous nous citiez un jour, au commencement d'un sermon, cette parole de l'Ecriture : « Les méchants dirent : Emparons-nous de ce Juste et faisons-le disparaître parce qu'il met obstacle au mal que nous voulons faire ». Le Juste, c'est vous aujourd'hui ; on vous persécute pour le bien que vous avez voulu faire et que vous avez fait, et c'est parce que vous avez été le prêtre le plus digne...... qu'on a voulu parfaire votre ressemblance avec notre divin Maître et qu'on vous a préparé un Calvaire... »

Je pourrais citer encore, n'ayant que l'embarras du choix, mais il faut se borner.

Par celles que je viens de mettre sous ses yeux, le lecteur pourra se rendre compte de ce qu'étaient ces lettres qui soutinrent grandement mon courage dans ma prison.

Elles étaient, certes, toutes beaucoup trop élogieuses pour mon humble personne ; elles n'éveillèrent cependant en moi aucune pensée de vaine complaisance, car, en les lisant, j'entendais toujours la voix implacable du Juge d'Instruction, ne cessant de répéter : Vous êtes inculpé d'avoir, à Bretenoux, il y a environ huit ans, en tout cas, depuis moins de dix ans....... Vous êtes inculpé.... Vous êtes inculpé.....

Et je disais en moi-même : Mon Dieu, je ne mérite ni tant d'honneur, ni tant d'ignominie ! Je ne suis pas le misérable pour lequel on voudrait me faire passer.... Mais je suis loin aussi de mériter les glorieux éloges dont les âmes trop généreuses se plaisent à me couvrir !

CHAPITRE XII

DIVERS INCIDENTS DE MA VIE DE PRISON

La volumineuse correspondance qui m'arrivait tous les jours et le travail que je m'étais imposé de répondre à chacune de ces lettres, au moins par quelques mots de reconnaissance, me sauvèrent de l'ennui qui doit dévorer le prévenu inoccupé pendant les longues journées d'isolement et de captivité.

Rien n'est plus monotone et plus déprimant que la vie de prison.

A quoi peut bien occuper son esprit le détenu qui ne songe pas à prier, qui n'a pas de bréviaire à réciter, de chapelet à dire, ni d'amis qui lui écrivent et auxquels il puisse répondre ?

Parmi les œuvres de miséricorde, on comptait autrefois la visite des prisonniers. Aujourd'hui, au nom d'une philanthropie qui ne ressemble en rien à la charité chrétienne, ces visites sont interdites. Sous prétexte de ne pas donner le prisonnier en spectacle à une curiosité malsaine, on l'isole complètement de la société, pour le laisser seul en face des accusations qui pèsent sur lui, ou seulement en contact avec ses co-détenus, dont les conversations ne sont guère faites pour relever son courage ou améliorer son moral.

Il faut avoir vécu dans cette atmosphère d'une prison pour comprendre combien un pareil genre de vie, quand il se prolonge quelque temps, enlève au malheureux prisonnier toutes ses énergies.

Fort heureusement, on n'a pas encore songé (on y viendra peut-être, — nous sommes si humanitaires !) à interdire absolument l'accès de la prison aux correspondances venues du dehors...

Que tous ceux qui m'ont écrit pour m'encourager sachent bien qu'ils ont accompli un grand acte de charité dont je leur garde une profonde reconnaissance. Ils furent trop nombreux pour que j'aie pu leur en envoyer à tous le témoignage particulier, et je saisis avec bonheur l'occasion qui m'est offerte de le leur adresser ici publiquement.

Ma cellule se peuplait ainsi, tous les jours, de personnages nouveaux qu'il me semblait voir faire cercle autour de moi, et mes journées s'en allaient l'une après l'autre, sans que le poids de la solitude pesât trop lourdement sur mes pauvres épaules.

Pour donner une idée de mon état d'esprit, qu'on me permette de reproduire ici une lettre que j'écrivis à un de mes amis et que je retrouve dans le numéro de *La Croix du Lot*, en date du 28 février :

MON BIEN CHER AMI,

« Ta lettre est entrée dans ma prison comme un rayon « de soleil qui vient en diminuer la tristesse; quoique, « à vrai dire, elle ne me paraisse pas si triste qu'on se le « figure de loin. Il est vrai que mes amis de Figeac « m'ont, pour ainsi dire, obligé à profiter de tous les « avantages que la loi accorde aux prévenus. J'ai « un poële qui chauffe bien, une bonne lampe, du pa-« pier, de l'encre, des livres plus que je n'en peux lire ; « ma cellule est éclairée par deux grandes fenêtres à « hauteur d'appui, fortement grillées par exemple, ce « qui nuit bien un peu à la perspective. Le lit n'est ni « bien bon ni trop mauvais; la nourriture me vient du « dehors et la bonne maîtresse d'hôtel qui me connaît a « pour moi des gâteries toutes maternelles. Je t'assure

« que mon existence est ainsi bien supportable et que « j'ai moins de mérite qu'on ne m'en attribue.

« Si j'étais ici simplement pour raison de défense « religieuse, je m'y trouverais fort heureux. Le sale « prétexte sous lequel on m'y a conduit gâte beaucoup « ma félicité, mais ne me fait rien perdre de mon calme « et de ma tranquillité d'esprit.

« J'attends avec une invincible confiance la manifes- « tation de la vérité dont je n'ai rien à redouter. Elle « viendra sûrement ; je crois même qu'elle commence « à se faire jour.

« Je ne peux évidemment me défendre d'un sentiment « de vive tristesse et de profonde humiliation à la pen- « sée qu'on a pu trouver dans ma chère paroisse quel- « ques malheureux capables d'inventer et de soutenir « de pareilles infamies. Mais, à côté, quel beau specta- « cle donne la partie saine de ma population ! que de « générosités, que de dévouements, que d'affections in- « soupçonnées se sont révélés à moi durant ces jours « de captivité !

« Tout cela est comme un baume bienfaisant sur la « blessure de mon cœur et m'en fait presque oublier la « douleur.

« Ne me plains donc pas trop ; prie beaucoup pour « moi ! si tu savais comme on prie bien en prison : il « faut y être pour le savoir.

« Cette lettre est la quinzième que je fais aujourd'hui : « tu penses bien que toutes les autres n'avaient pas son « ampleur ; je n'y tiendrais pas. Heureusement que je « t'écris à dix heures du soir : rien ne me presse d'aller « me coucher et je me plais à causer avec un bon ami « comme toi. »

Le calme et la tranquillité d'esprit que révèle cette lettre, je les devais sans doute au témoignage de ma conscience, mais je les devais surtout à mon ignorance absolue de ce qui se passait au dehors.

C'est à vous, M. le Procureur de la République de Figeac, que j'en fus redevable. Vous ne voulûtes jamais lever le secret sous lequel vous me teniez enfermé; vous fûtes impitoyable à quiconque vint vous supplier de le laisser pénétrer jusqu'à moi. Vous ne vous doutiez guère que vous vous faisiez ainsi l'instrument d'une Providence toute paternelle à mon égard !

Si j'avais su seulement un dixième de ce que je sais aujourd'hui, si j'avais connu les efforts désespérés que, dans un certain monde, on faisait pour me perdre, j'aurais vécu dans un tremblement continuel et ma vie de prison eût été perpétuellement angoissée. J'y vécus, au contraire, dans une tranquillité relative, dont je suis le premier à m'étonner.

Pendant le mois que je passai ainsi à la prison de Figeac, il se produisit quelques incidents qu'il me paraît intéressant de relater.

J'ai dit plusieurs fois déjà que l'infirmerie où je demeurais était éclairée par deux larges fenêtres d'où la vue s'étendait sur un des plus beaux quartiers de la ville. J'aimais beaucoup ces deux fenêtres : elles me donnaient de l'air, de la lumière, du soleil, et surtout elles me permettaient de voir les gens marcher en liberté. En les voyant aller et venir au gré de leur caprice, je ne les jalousais pas, mais je jouissais de leur bonheur plus qu'ils ne songeaient à en jouir eux-mêmes.

Lorsque, fatigué d'écrire, je prenais mon bréviaire ou mon chapelet, c'était auprès d'une de ces fenêtres que je me tenais debout.

Un matin que j'y lisais ainsi mon office, mes yeux ayant quitté mon livre, j'aperçus tout à coup en face de moi, sur le quai, un groupe de mes meilleurs amis de Bretenoux... Ce fut une joyeuse surprise !

Ces braves gens qui m'avaient vu les premiers ne doutaient pas du bonheur que j'éprouverais à les voir à mon tour ; ils avaient ralenti leur marche, et dès que mes regards rencontrèrent les leurs, silencieusement, sans aucune manifestation bruyante, ils me saluèrent comme un ami : quelques-uns firent même le geste de m'envoyer un baiser furtif. La petite manifestation avait été si discrète que pour tout le monde elle avait passé inaperçue.

Mais Judas veillait, — car Figeac a son Judas pour lequel il ne professe, d'ailleurs, que le mépris qui lui est dû.

Judas savait, dès la veille, que quelques habitants de Bretenoux devaient comparaître ce jour-là devant le tribunal pour y répondre de leurs agissements vis-à-vis de l'autorité publique le soir de mon arrestation, et Judas s'était trouvé à la gare à leur arrivée.

Il les avait suivis pas à pas, se doutant peut-être qu'en passant sous les fenêtres de ma prison ces braves cœurs penseraient à moi et chercheraient à m'apercevoir.

Son espoir ne fut point déçu ; il les vit ralentir leur marche, il les vit se découvrir respectueusement, et de toute la vitesse de ses longues jambes, le voilà qui court au parquet dénoncer ce crime abominable.

Pauvre procureur ! lui en ai-je donné du souci ! J'aime à croire que son cœur se souleva de dégoût devant l'ignoble délation... Mais Judas est un personnage redoutable, il écrit dans les journaux, et qui sait tout ce qu'il dirait demain s'il n'était tenu aucun compte d'un rapport fait avec tant de zèle !...

Demi-heure plus tard, au nom du peuple Français

représenté par M. le Procureur de la République, défense m'était faite de m'approcher des fenêtres : en même temps, le gardien-chef recevait l'ordre de fermer avec des planches les dites fenêtres, à une hauteur telle qu'il ne me fut plus possible de voir au dehors ni d'en être vu.

M. l'Architecte de la prison ne devait pourtant pas être encore rentré de son voyage de noce : cela m'empêcha pas que, dès le soir même, un menuisier vint sceller solidement, à chacune de mes fenêtres, les planches commandées.

Elles y sont encore, et je suis navré de penser que les prisonniers de l'avenir ne cesseront de me maudire parce que, à cause de moi, ils seront privés d'un peu de lumière et d'innocentes distractions.

L'infirmerie existait telle quelle depuis plus d'un siècle. Jamais le besoin ne s'était fait sentir de murer ses fenêtres. Cè n'était pourtant pas la première fois qu'on y apercevait la silhouette d'un prisonnier. J'ai le souvenir très précis qu'étant enfant, j'y ai vu des filles y tenant des conversations suivies, et à très haute voix naturellement, à cause de la distance, avec des individus arrêtés sur le quai. Jamais personne ne songea à prendre la moindre mesure de rigueur. Mais cette fois, c'était un prêtre qui s'y montrait... (oh! si peu que rien !) et... on le saluait !... Evidemment la République était en danger... il fallait la sauver à tout prix !...

A dire vrai, cet écran officiel ne me contraria pas autant que Judas l'avait sans doute espéré. La solitude, comme la nécessité, rend ingénieux. Avec le tisonnier de mon poêle rougi à blanc, je perçai les planches de sapin, d'ailleurs assez minces, et j'en fis une écumoire derrière laquelle je pouvais voir sans être vu : j'aimais autant cela. J'avais encore la ressource de grimper sur une chaise, puis sur le rebord de la fenêtre, et, ainsi perché, je retrouvais mon panorama tout entier.

J'usai de ce dernier moyen dans une circonstance où bien mal m'en prit.

C'était un jeudi : tout absorbé dans ma correspondance, j'entendis une bruyante sonnerie de clairon. Je crus à un incendie. Sans réfléchir, j'escalade mon perchoir et je cherche à me rendre compte de ce qui se passe au dehors.

Bientôt, je vois arriver une quarantaine de jeunes hommes revêtus d'un costume bizarre, avec bérets et tricots multicolores. Je ne reconnus pas mes bons vieux pompiers d'autrefois, avec leurs casques reluisants et leur allure martiale. Je n'en restais pas moins persuadé que j'avais affaire à des pompiers modern-style... Tout à coup, les voilà qui lèvent les yeux vers moi, me montrent le poing et se mettent à m'insulter de la plus grossière façon : Ah ! le s... ! etc., etc.

Comme bien vous pensez, je quittai mon perchoir et je rentrai dans l'obscurité.

Sans m'affecter plus qu'il ne fallait de cet outrage, je le regrettais cependant pour l'impression fâcheuse qu'il me laissait contre les pompiers. Il faut vous dire que je les ai toujours beaucoup aimés : quand j'étais enfant, je les suivais à l'exercice, ne me possédant pas de joie lorsque l'un d'eux voulait bien me confier son casque ou son ceinturon. Plus tard, j'avais eu l'occasion d'apprécier leur dévouement poussé parfois jusqu'à l'héroïsme. Il m'en est resté une profonde estime pour les pompiers en général et pour les pompiers de Figeac en particulier.

J'étais triste de penser que ces modestes héros se fussent oubliés jusqu'à invectiver si brutalement un de leurs compatriotes dont la culpabilité était encore loin d'être établie.

J'en étais là de mes réflexions, lorsque le gardien-chef entra dans ma cellule... Tout de suite, je lui demandai des nouvelles de l'incendie. Le brave homme parut ahuri... « L'incendie, me dit-il, mais... il n'y en a pas eu, que je sache. » — « Où couraient donc les pompiers ? » — « Quels pompiers ?... » — « Ceux qui, tout à l'heure, avec leurs clairons, ont passé sous mes fenêtres. » — « Ah ! oui... et qui vous ont insulté... j'ai entendu. Ce n'étaient pas des pompiers ! » — « Que pouvait-ce donc être ? » — « C'étaient les grands élèves du Collège qui se rendaient dans la plaine de Ceint-d'Eau pour une partie de foot-bal... »

Eh bien, j'aimais mieux cela. Autant la pensée d'avoir été insulté par les braves gens que sont les pompiers me faisait mal au cœur, autant je demeurai froid quand j'eus la certitude de ne l'avoir été que par les élèves du Collège.

Pendant les quarante-cinq jours de ma captivité, j'ai eu plusieurs fois l'occasion de paraître devant la foule. J'ai traversé Figeac, Capdenac et Cahors entre deux gendarmes, et je n'ai été insulté nulle part. Seuls, les grands élèves du Collège ont eu pour moi des paroles outrageantes et c'est dans ma prison qu'ils me les ont jetées en passant. Cela ne fait honneur ni à leur éducation ni à leur cœur.

Ces jeunes gens ignoraient-ils que je les avais précédés sur les bancs de ce même collège ? Nous y avions alors des maîtres qui nous enseignaient le respect de tous les malheureux.

J'aime à croire qu'il en est encore de même aujourd'hui. Si M. le Principal a connu le fait que je viens de raconter, il n'a pas dû les en féliciter. Mais, en ce siècle de progrès, la jeunesse est émancipée de bonne heure ; elle consent bien à recevoir de ses maîtres les connaissances utiles, elle ne leur laisse pas le temps de lui donner ce qui vaut mieux que la science : la bonne éducation.

Quand on vit perpétuellement seul pendant de longs jours, dans une salle dont on n'a pas la liberté de franchir le seuil, on s'intéresse aux moindres choses. Ce qu'on n'aurait pas même remarqué, en des circonstances ordinaires, captive l'attention d'un prisonnier et finit par prendre une place considérable dans son existence.

C'est ainsi que, pendant plus d'un mois, je m'intéressai vivement aux allées et venues d'une toute petite souris.

La gracieuse bestiole ne manqua jamais de venir faire la chasse aux miettes de mes repas.

Les premiers jours, elle s'avançait timidement, faisait deux pas en avant et trois pas en arrière, et se sauvait, emportant une miette minuscule. Sa timidité s'atténua de jour en jour. Elle en vint à prendre, sans façon, ses repas à mes pieds. Tout d'abord, le moindre geste de ma part troublait sa tranquillité ; un peu plus tard, je pus, sans qu'elle s'esquivât, lui lancer de petits morceaux après lesquels elle trottinait gentiment. Elle avait une préférence marquée pour la brioche, qu'elle daignait prendre au bout de mes doigts et qu'elle grignotait avec un visible plaisir en s'asseyant gravement sur son derrière. Si mon départ pour Cahors ne fût venu mettre un terme à notre intimité, je suis persuadé qu'elle aurait fini par venir la prendre jusque sur mon genou. Sa présence me fut une vraie distraction ; je l'attendais en me mettant à table et j'admirais sa régularité à se montrer. Le repas une fois terminé, elle disparaissait discrètement jusqu'au repas suivant. La pauvre bête, qui me croyait évidemment chargé de pourvoir à sa subsistance, dut être singulièrement déçue quand ma cellule fut vide.

Pendant plus d'une semaine, j'eus chaque soir beaucoup de peine à sauver la vie d'un papillon que fascinait la lumière de ma lampe; je m'interrompais d'écrire pour l'écarter quand je le voyais trop en danger de brûler ses ailes. L'ingrat ne me demeura pas fidèle: je le vis, un matin de soleil, s'élancer triomphalement par la fenêtre ouverte... Il dut payer cher son amour de la liberté, car le soleil ne brilla pas longtemps et je vis, à travers les barreaux, voltiger quelques flocons de neige...

Au-dessus de l'infirmerie était la salle commune des détenus ; le bruit de leurs conversations, quelquefois même de leurs chants arrivait jusqu'à moi. Quand ils avaient épuisé leur provision de charbon et qu'ils ne pouvaient plus faire du feu, ils se réchauffaient en courant et en sautant jusqu'à ébranler leur appartement et le mien. Je ne m'en plaignis jamais; les pauvres gens étaient bien assez malheureux sans leur imposer encore la privation de prendre ainsi leurs ébats.

Un jour, j'entendis une violente dispute, dans le corridor, tout près de ma porte. Je crus que deux détenus s'étaient pris de querelle en accomplissant leur corvée. Quelle ne fut pas ma stupéfaction lorsque je reconnus une des deux voix pour être celle du Juge d'Instruction. Je ne sais par quel hasard il avait rencontré là un prisonnier condamné pour deux mois. Ce malheureux profitait de l'occasion pour lui reprocher de l'avoir fait condamner injustement, de n'avoir pas voulu écouter tel et tel témoin à décharge... que sais-je encore? Le naïf magistrat répondait du tac au tac, sans paraître se douter qu'il était peu de sa dignité de se commettre ainsi avec un condamné.

Quand un juge peut se rendre le témoignage d'avoir étudié une cause avec un scrupuleux esprit d'impartialité et de justice, la cause une fois jugée, je ne comprends pas qu'il puisse accepter de la discuter.

La Chambre des mises en accusation avait ordonné mon renvoi devant la Cour d'assises; la session devait s'ouvrir le 14 mars; mon transfèrement à Cahors ne pouvait plus tarder. Je l'attendais non seulement avec calme et résignation, mais même avec une certaine impatience. Pas un moment la pensée ne me vint que je pourrais être condamné. Les assises, j'en eus toujours l'invincible confiance, seraient le dernier terme de mon horrible épreuve.

CHAPITRE XIII

DEUXIÈME VOYAGE : DE FIGEAC A CAHORS

Ce fut dans la soirée du dimanche, sixième jour de mars, que le gardien-chef vint me prévenir que mon départ était fixé au lendemain, par le premier train : les gendarmes seraient là, à six heures du matin, pour me prendre.

J'aurais autant aimé passer encore cette semaine d'attente à Figeac; je savais quel y était mon sort et j'ignorais de quelle façon je serais traité à la prison de Cahors. Il eût peut-être été possible d'obtenir quelques jours de répit en me déclarant fatigué : je ne le voulus pas.

Si M. le Procureur de la République a eu quelques ennuis à cause de moi, il me rendra au moins le témoignage qu'ils ne lui furent pas causés par mes exigences : je ne me plaignis jamais de rien ni de personne.

Après avoir tant souhaité un non-lieu; après avoir si vivement appréhendé la mise en scène de la Cour d'assises, j'étais maintenant parfaitement résigné à tout. Ma dernière nuit à la prison de Figeac fut tranquille comme les précédentes; je dormais profondément le lundi matin, à cinq heures, quand on vint me donner l'ordre de me préparer au départ.

Avec une exactitude toute militaire, les gendarmes étaient à la maison d'arrêt, dès six heures. Je les rejoignis dans le bureau du gardien-chef.

Les formalités qui accompagnent la remise d'un prisonnier aux gendarmes, pour son transfèrement ailleurs, sont assez compliquées ; dès qu'elles furent toutes remplies, les gendarmes se levèrent pour le départ; alors seulement, l'un d'eux tira de sa poche une paire de menottes et me fit part de l'obligation dans laquelle il se trouvait de me lier les mains.

Comment n'y avais-je pas pensé ? J'avais su pourtant que ces braves gens avaient reçu un blâme pour ne pas m'avoir enchaîné, le jour de la confrontation, en me menant au tribunal... La vue de ces chaînes ne produisit sur moi aucune impression pénible. Le dirai-je ?... Je sentis même, au plus profond de mon cœur, une secrète joie à la pensée que ce trait de ressemblance avec mon divin Maître n'allait pas me manquer pour gravir mon Calvaire : je tendis mes deux mains en souriant. Le bon gendarme, moins cruel que les bourreaux de Notre-

Seigneur, prenait mille précautions pour ne pas me meurtrir les poignets.

Ce n'était pas inutile, car je compris que cette chaîne, qui est toujours une entrave, peut devenir un instrument de torture, selon qu'elle est plus ou moins serrée. Longue de cinquante centimètres environ, elle peut être raccourcie au gré de l'exécuteur et s'adapte à chaque poignet, qu'il lui serait possible de serrer jusqu'à les meurtrir.

Lorsqu'un prisonnier est ainsi enchaîné de court, il ne doit pouvoir faire aucun usage de ses deux mains ramenées de force sur sa poitrine. On me laissa toute la longueur de ma chaîne, en sorte qu'en cours de route je pouvais prendre un objet dans ma poche en dirigeant mes deux mains du même côté.

Devant le portail de la prison, un omnibus de ville m'attendait. Le brave Benjamin qui le conduisait était une vieille connaissance ; il me sembla que la vue de mes fers l'impressionnait vivement. Me serais-je trompé en croyant voir perler une larme au bord de ses paupières ? Toujours est-il que je me sentis une vive gratitude pour cet homme du peuple qui paraissait compatir à mon triste sort.

Nous montâmes à la gare au galop des chevaux. A cette heure matinale il y avait peu de monde sur le parcours ; mon départ n'avait pas été annoncé. Quelques-uns cependant avaient dû le connaître, car j'eus la consolation de trouver sur le quai un petit groupe sympathique qui demeura là jusqu'au départ et qui, au moment où le train s'ébranla, voulut me saluer respectueusement en me disant : Bon courage !

Le courage, certes, ne me manquait pas. Je me sentais, ce matin-là, particulièrement alerte : il y avait trente cinq jours que je n'avais respiré au grand air, il me semblait qu'il y avait un siècle. La jouissance que j'éprouvais de cette sortie matinale était si vive que j'en oubliais mes deux gendarmes et mes chaînes.

Il y avait foule à la gare de Capdenac où il fallait changer de train. En pleine possession de moi-même, je me rendais parfaitement compte de l'impression produite sur mon passage ; je n'en démêlais pas d'autre que celle d'une curiosité empreinte de douloureuse sympathie. On me suivait longuement du regard et quand j'eus pris place dans le compartiment réservé, les gens qui désiraient me voir passaient lentement, ayant la discrétion de ne pas stationner ; je ne vis pas un sourire, je n'entendis pas un mot désobligeants.

Le voyage ne me parut pas long. Mes compagnons de route accomplissaient leur mission avec un tact parfait ; je n'eus à subir de leur part aucune vexation : évitant de faire aucune allusion à ma triste situation, ils cherchaient à me distraire en me signalant les points de vue intéressants si nombreux sur cette ligne de Capdenac à Cahors. N'eussent été mes chaînes, on eût pu nous prendre pour trois touristes n'ayant d'autre but que d'admirer cette vallée du Lot toujours belle, mais de laquelle se dégageait, ce jour-là, sous le soleil printanier, un charme particulier.

De temps à autre, des noms plus connus et qui réveillaient en moi de doux souvenirs : Calvignac, Cajarc, St Martin Labouval, Limogne, St-Cirq-Lapopie, faisaient battre mon cœur un peu plus vite ; j'entrevoyais au passage les églises où s'était exercé mon zèle de missionnaire et, silencieux, j'en saluais le divin prisonnier.

De tous les dons que, dans sa libéralité, le bon Dieu a faits à l'homme, un des plus précieux est certainement celui de la liberté. C'est surtout quand on en est privé qu'on en comprend bien tout le prix. A chaque station, j'éprouvais une vraie jouissance à voir les voyageurs aller et venir, monter et descendre à leur gré. Je ne me sentais pas d'aise à la pensée que, dans quelques jours, je pourrais moi aussi de nouveau en faire autant. J'y comptais bien, j'en étais sûr, et cependant il me semblait que ce jour béni n'arriverait jamais.

Dans le même train que moi, et sous une escorte pareille, voyageait un pauvre malheureux inculpé d'une tentative d'assassinat suivie de vol. Mes gendarmes ne voulurent pas que les deux escortes descendissent ensemble à la grande gare de Cahors; ils craignaient que l'attention publique en fut trop excitée et ils décidèrent de me faire descendre à la station de Cabessut. Je compris tout de suite la délicatesse de leur procédé et je leur en garde une vive reconnaissance. Ces braves gens, qui ont l'habitude du transfèrement des prisonniers, savent que la foule leur est souvent cruelle, qu'elle ne se gêne guère pour leur manifester sa répulsion et son mépris : autant qu'il put dépendre d'eux, ils voulurent m'épargner ce tourment.

Il ne m'eût pourtant pas été aussi pénible qu'ils se le figuraient : je vivais, depuis le deux février, en union continuelle avec Notre Seigneur pendant sa Passion douloureuse; tout ce qui, de près ou de loin, ajoutait à mon sort un trait de ressemblance avec le sien avait pour moi un charme secret que le monde ne pouvait soupçonner. Je me souvenais que, sur le chemin de son Calvaire, mon Divin Maître avait été insulté, outragé de toutes les façons. J'étais bien résolu à supporter avec le plus grand calme les mêmes outrages.... je les désirais presque... ils ne se produisirent pas.

Le chemin est assez long de la gare de Cabessut à la prison : il fallut traverser des rues assez fréquentées, surtout vers dix heures du matin où les affaires battent leur plein. Nous rencontrâmes donc beaucoup de monde. Le spectacle n'était pas banal : un prêtre entre deux gendarmes, les menottes aux mains comme un criminel !....

Les passants me regardaient d'abord avec étonnement; puis, paraissant se souvenir, les hommes me saluaient tristement, les femmes se détournaient pour cacher les larmes qui leur montaient aux yeux.

Evidemment, tous ces gens-là connaissaient mon histoire; ils savaient de quelles odieuses infamies j'étais victime; à Cahors comme à Figeac l'opinion publique ne s'y était pas trompée.

Je n'avais pas la tête de l'emploi, disait quelqu'un; même les sectaires qui n'auraient pas été fâchés d'insulter un prêtre n'osèrent pas proférer publiquement leurs injures. Je remerciais Dieu, au fond de mon cœur, de cet hommage rendu à la vérité.

A mesure que j'avançais entre mes deux gardiens, je me sentais pris d'un profond sentiment de pitié pour cette société qui mobilisait ainsi les représentants de la force publique contre un pauvre prêtre inoffensif comme je l'étais, et je pensais que ces braves gendarmes auraient bien mieux employé leur temps à surveiller les agissements de certains malfaiteurs de ma connaissance, autrement dangereux que les miens.

Hélas ! depuis quelques années, on s'est trop habitué chez nous à ce spectacle ! Les crimes se multiplient partout d'effrayante façon ; le plus souvent leurs auteurs demeurent impunis, pendant que ceux dont la mission serait de les rechercher s'acharnent contre des religieuses sans défense, chassent de leur demeure et jettent à la rue de pauvres filles qui n'ont jamais fait que du bien !

Nous arrivions au terme de notre voyage. L'aspect de la prison de Cahors est plus sévère que celui de la maison d'arrêt de Figeac. Un mur très élevé l'entoure de tous les côtés et la cache entièrement aux regards indiscrets. Le lourd portail d'entrée s'ouvre dans l'épaisseur de ce mur.

Nous étions sans doute attendus, car à peine un des gendarmes eût-il touché au cordon de la sonnette que la porte s'ouvrit pour nous donner passage et se referma aussitôt derrière nous.

CHAPITRE XIV

LA PRISON DE CAHORS

On nous introduisit immédiatement dans le bureau du gardien-chef. Les gendarmes firent, selon toutes les formes, la remise de leur prisonnier, me délivrèrent de ma chaîne et m'abandonnèrent à mon triste sort.

Au moment où ils se disposaient à sortir, la seconde escorte qui était descendue à la grande gare arriva. Pour ne pas retarder les nouveaux venus, je fus enfermé provisoirement dans un étroit et sombre réduit où je demeurai debout, faute de siège, en attendant qu'on en eût fini avec mon compagnon d'infortune.

J'eus tout le temps de faire là quelques réflexions absolument dépourvues de gaieté. Les quelques heures que je venais de passer au grand air avaient sans doute ravivé mon amour de la liberté; l'atmosphère de la prison me paraissait lourde et glaciale : sans trop savoir pourquoi, je me sentis envahi par un sentiment de tristesse.

Enfin, la porte s'ouvrit avec fracas; un jeune gardien m'ordonna sèchement de le suivre, et comme je faisais mine d'emporter mon mince bagage, il me dit de le laisser là, où je pourrais le reprendre un peu plus tard.

Pour la seconde fois, je comparus devant le gardien-chef. Celui ci me posa les questions d'usage et me fit remarquer que les gendarmes lui avaient bien remis tout ce que leur avait confié le gardien de Figeac.

Il m'annonça ensuite qu'on allait procéder à ma mensuration : j'en avais assez de cette cérémonie là. Je lui déclarai que j'avais déjà été mensuré à Figeac, que j'avais su depuis que j'aurais pu m'y opposer; je lui citai le texte de la circulaire administrative dont j'ai parlé plus haut et je protestai d'un ton très ferme que je m'opposais de toutes mes forces à une nouvelle mensuration. Il parut fort étonné de mon savoir et n'insista pas davantage.

Cet homme, déjà ancien dans la carrière, ne paraissait d'ailleurs animé vis-à-vis de moi d'aucun sentiment d'hostilité; il y avait plutôt de la bienveillance sur sa bonne figure qu'animaient des yeux vifs et brillants.

Malheureusement ce n'était pas à lui que j'allais avoir affaire; il avait sous ses ordres un jeune gardien aux soins duquel il me remit immédiatement. Celui-ci était loin d'avoir l'aspect sympathique de son chef : très brun, sec, maigre, l'œil mauvais, la lèvre dédaigneuse, il ne voulut voir en moi qu'un vulgaire accusé qu'il allait soumettre à toutes les rigueurs du règlement.

Ma qualité de prêtre était-elle pour quelque chose dans la raideur avec laquelle il me traita tout d'abord ? Je ne saurais le dire.

La mauvaise impression qu'il produisit sur moi le premier jour s'atténua les jours suivants; si ma détention à Cahors avait duré plus longtemps, peut-être aurais-je fini par le trouver sympathique. Autant que j'aie pu en juger, il ne manquait pas d'intelligence et il s'acquittait de son rôle avec un dévouement et un oubli de lui-même dignes d'une meilleure cause.

Un geôlier qui fait du zèle, serait-il le meilleur homme du monde, ne peut que paraître insupportable à ses pensionnaires. Or, manifestement, il faisait du zèle. Trop jeune pour que l'expérience lui eût appris que, dans tout règlement, il y a la lettre et l'esprit et que c'est la lettre qui tue, il s'appliquait surtout à observer la lettre; pénétré de l'importance de la mission qui lui était confiée, il en accomplissait scrupuleusement toutes les obligations avec une régularité qui devait être aussi fatigante pour lui qu'elle me paraissait importune à moi-même.

Je lui dois cette justice de dire que son zèle était le même vis-à-vis de tous les détenus, ainsi que je pus m'en apercevoir pendant les dix jours que je passai sous sa surveillance.

Il est vraiment dommage qu'un tel homme ne se soit pas fait prêtre! S'il avait apporté au service de Dieu et au salut des âmes le zèle et la régularité qu'il met à molester de pauvres prisonniers, quel trésor de mérites il se serait acquis pour l'éternité! Je doute fort que le dieu qu'il sert soit capable de récompenser dignement une si admirable fidélité.

En quittant le bureau du gardien-chef, mon nouveau geôlier me dit d'aller reprendre les effets au parloir où je les avais laissés. Sans me douter qu'il me suivait pas à pas, je me dirigeai vers ce parloir dont je trouvai la porte fermée. La grosse clé était dans la serrure; tout naturellement, je mis la main sur elle. J'appris alors qu'un prisonnier n'a pas le droit de toucher aux clés et je dus attendre que la porte me fut ouverte.

Nanti de mon léger bagage, je suivis docilement mon guide. Il me conduisit dans une salle vivement éclairée et, brutalement, me donna un ordre qui me fit bondir d'indignation.

Au cours de sa Passion douloureuse, la Victime Innocente par excellence se laissa dépouiller de ses vêtements; mais de tous les outrages qu'Elle consentit à subir, celui-là lui fut sans doute le plus sensible.

Tout mon être se révolta devant une pareille exigence. Je donnai ma douillette, je donnai ma soutane et je dis : C'est assez ! Il me fut répondu : « Faites votre métier d'accusé ! » Je l'avais fait à Figeac et jamais pareille humiliation ne m'avait été proposée. J'étais bien résolu à ne pas la subir autrement que par la violence.... On ne voulut pourtant pas aller jusque-là. Le jeune gardien dût comprendre qu'il est des délicatesses qui méritent d'être respectées. Le règlement lui faisait un devoir de s'assurer que je ne portais rien sur moi de prohibé. Je l'ai déjà dit, on fouille le prisonnier dès son entrée; mais le règlement exige-t-il qu'on le fasse avec cette révoltante brutalité ?...

Ma soutane, ma douillette furent minutieusement examinées avant de m'être rendues. La ceinture parut dangereuse et elle me fut supprimée. J'eus toutes les peines du monde à garder avec moi le paquet de lettres reçues à la prison de Figeac. Elles étaient toutes revêtues du visa officiel; le gardien, avant mon départ, avait soigneusement paraphé le paquet lui même, en indiquant la nature de son contenu ; malgré cette précaution, il fallut discuter pour le garder à ma disposition. Quant au bréviaire, n'étant pas porté au catalogue de la bibliothèque des prisonniers, il me fut enlevé.

Sur mes instantes réclamations, la ceinture et le bréviaire me furent rendus dans la soirée.

En sortant de cette salle où je venais de passer par de si douloureuses émotions, j'aperçus mon excellent confrère et ami, l'abbé Magne, qui, ayant appris mon arrivée, s'était empressé de venir prendre de mes nouvelles. Me voyant seulement à quelques pas de lui, il en profita pour me demander si ma santé était bonne et pour me dire qu'il se chargeait de pourvoir à ma subsistance. Je commis, sans m'en douter, une grave infraction au règlement en répondant quelques mots; j'en fus aussitôt vertement réprimandé et j'appris encore que tout détenu ne doit, sous aucun prétexte, et sans autorisation spéciale, adresser la parole à personne du dehors: le règlement sévissait ici dans toute sa rigueur.

Je n'avais pas songé, avant d'entrer à la prison de Cahors, à y demander, comme à Figeac, le séjour de l'infirmerie. Très probablement, le jeune gardien avait eu l'intention de m'installer, sans plus de façon, dans la salle commune des prévenus; je le supposai du moins en constatant que dans la cellule que m'assigna le gardien-chef, et où je devais être seul, il n'y avait pas même de lit. On l'y fit porter séance tenante, et comme j'avais encore le souvenir des misérables grabats de Figeac dont je n'avais pas eu le courage d'user, je me hâtai de déclarer que je voulais être mis « au régime de la pistole. »

Ce régime, dont peuvent user seulement les prévenus, consiste en ce que, moyennant dix francs par mois, « une pistole », l'entrepreneur attaché à la maison d'arrêt fournit au prisonnier un matelas, des draps à peu près convenables, un oreiller, une table de nuit, une table de travail et aussi, dit le règlement, une chaise. Il paraît que les chaises n'abondent pas à la prison de Cahors ; malgré la pistole promise, je ne réussis à en avoir une que le troisième jour, encore était-elle si délabrée que je ne pouvais m'y asseoir qu'avec mille précautions.

La cellule qui m'était assignée ressemblait à s'y méprendre aux vieilles cellules du Grand Séminaire, sauf que la cheminée y était remplacée par un poêle de fonte grossière et que la fenêtre en était masquée par un chassis de bois s'évasant vers le haut, en sorte qu'il ne me permettait de voir qu'un coin du ciel. Le parquet était pavé de briques et les murs blanchis à la chaux.

C'est là que je passai une semaine entière dans la solitude la plus complète. Je n'entendais d'autre bruit que les pas du jeune gardien, toujours empressé à remplir sa tâche. De temps à autre, une cloche fortement secouée donnait le signal d'un exercice problématique.

La régularité de cette sonnerie, les allées et venues incessantes du gardien, me faisaient supposer que le personnel de la maison devait être de quelque importance ; on m'aurait dit que nous étions là une centaine de prisonniers que je n'en aurais pas été surpris... Quand je sus que nous y étions à peine sept ou huit et que c'était pour nous que se faisait tout ce tintamarre, je trouvai cela souverainement ridicule ; ce pauvre gardien, perpétuellement en mouvement dans une si vaste maison à peu près vide, ne me fit plus que l'effet d'un frelon dans une bonbonne !

Mais où cloche et gardien étaient impitoyables, c'était pour l'heure du lever et du coucher.

Dès six heures du matin, le carillon se faisait entendre : à peine avait-il cessé que le gardien infatigable ouvrait le guichet de ma cellule, pour s'assurer que je n'avais pas de discussion avec mon oreiller et que j'avais obéi au signal. A huit heures du soir, nouvelle sonnerie : le premier jour, ne connaissant pas les usages, j'avais attendu les derniers tintements de la cloche pour commencer, à genoux devant mon lit, la prière du soir. Mon petit frelon fut aussitôt là et ne se gêna guère pour me signifier qu'il fallait me coucher au premier signal ; je dus me résigner, ce soir-là, à faire ma prière au lit. Les jours suivants, je pris la précaution de la commencer assez tôt pour l'avoir terminée à l'heure réglementaire.

Si empressé pour me rappeler à l'ordre, mon aimable gardien l'était beaucoup moins pour me procurer les divers objets dont j'avais besoin ; il n'y avait, paraît-il, qu'un encrier et un porte-plume au service des détenus ; force m'était d'attendre qu'ils fussent libres pour m'en servir à mon tour. Si je demandais un livre de la bibliothèque, il ne m'arrivait jamais qu'après une demi journée d'attente. Le pauvre garçon avait tant à faire ! Songez donc, huit prisonniers à contenter !

Cette semaine qui précéda l'ouverture des assises me parut d'une longueur interminable. Je ne me sentais pourtant pas plus abandonné qu'à Figeac. Avec une amabilité et un dévouement qui me touchaient profondément, l'excellent aumônier de la prison me faisait de longues et fréquentes visites... Le temps que je passais avec lui était bien le meilleur. Aussi ne tarda-t-on pas à trouver qu'il venait trop souvent et il dût espacer ses visites. Le bon abbé trouva moyen d'obtenir la permission de me procurer tout ce qu'il faut pour écrire; grâce à lui, je ne fus plus obligé d'attendre que la plume et l'encrier de la prison fussent disponibles.

C'était à la chapelle que nous pouvions nous voir : la première fois qu'il y prit congé de moi, je ne songeai pas à avertir le gardien qui, d'ailleurs, ne nous perdait guère de vue, et, sans penser à mal, je rentrai seul dans ma cellule. Je ne tardai pas à apprendre que le règlement ne l'entend pas ainsi ; non seulement le détenu ne peut pas sortir de son cachot, sans y être invité, mais il n'a pas même le droit d'y rentrer. Je sus aussi qu'après chaque visite on avait la faculté de me fouiller à nouveau, pour s'assurer que je n'avais rien reçu de suspect ; j'inspirai cependant assez de confiance pour qu'on se dispensât de cette odieuse formalité.

La nourriture m'était fournie, à tour de rôle, par le vénérable curé de Saint-Barthélemy, mon prédécesseur à Bretenoux, et par M. l'abbé Magne, qui tous les deux, avaient tenu à me donner ce témoignage de sympathie ; je n'étais certes pas négligé. Encore un souci pour mon impeccable gardien. Ce m'était une vraie distraction de le voir examiner soigneusement le contenu du panier, jusqu'au papier qui enveloppait les provisions et goûter délicatement au café pour s'assurer qu'on n'y avait mêlé aucune goutte de rhum ou d'eau-de-vie. Comme je suis très peu amateur d'alcool, cette surveillance m'amusait plus qu'elle ne me contrariait. Il ne tarda pas à s'en apercevoir, surtout quand je le priai de distribuer aux autres détenus la plus grande partie du vin qui m'était apporté.

La prison de Cahors a une cour entourée de grands murs où les prisonniers sont conduits, une fois par jour, pour respirer le grand air. On m'y laissait seul, tous les matins, de onze heures à midi.

J'y descendais avec ma cruche que je devais rapporter pleine.

Bien que l'espace fut assez restreint, j'aimais beaucoup à courir en plein soleil. Je l'aimais d'autant plus que j'en avais été privé à Figeac, où il n'y avait ni cour ni préau. J'attendais tous les jours, avec une impatience nouvelle, le moment où je pourrais quitter ma froide cellule pour passer une heure sous le ciel bleu. La cour où je prenais ainsi mes ébats était isolée des maisons voisines par une haute muraille ; une de ces maisons avait cependant, sous les combles, une fenêtre d'où l'on pouvait en voir une moitié. Plusieurs jours de suite, j'avais remarqué, à cette fenêtre, quelques personnes qui paraissaient me considérer avec un vif intérêt. Ne sachant à qui j'avais affaire, j'avais toujours fait semblant de ne pas y prendre garde. Un jour, j'y vis une religieuse qui m'envoyait un salut discret. Je compris alors que la maison appartenait à la communauté de Notre-Dame du Calvaire ; je me découvris et je rendis tout aussi discrètement le salut. Je m'étais cru seul, mais je ne l'étais pas ; derrière quelque vitre, le gardien frelon me guettait sans doute, car il fut là aussitôt pour me reprocher mon infraction au règlement... (oh ! ce règlement !) et pour m'enjoindre de me promener derrière le mur, en dehors du rayon où la malencontreuse fenêtre permettait de plonger le regard.

Dès qu'on sonnait midi, je réintégrais ma cellule : ma cruche d'une main, mon panier de provisions de l'autre, je montais péniblement l'escalier, me tenant bien au milieu, car, une fois, mon panier ayant légèrement heurté contre le mur, le frelon, qui venait derrière moi, me fit observer que je n'avais pas le droit de dégrader une propriété nationale !

Il était partout, ce diable d'homme! Le soir, quand j'étais déjà couché, après avoir eu bien soin de disposer la veilleuse sur sa planche, il ouvrait encore le guichet de ma cellule et m'ordonnaît de changer la lumière de place, sous prétexte que ses rayons ne venaient pas assez directement sur moi.

Le règlement voulait (toujours ce règlement !) que, dans sa ronde de nuit, le gardien put se rendre compte, par le minuscule judas pratiqué dans la porte, que mon sommeil était tranquille et que je n'étais pas en train d'exécuter quelque plan d'évasion.

Ce règlement est très sage évidemment, ayant à s'appliquer le plus souvent à des hommes qui méritent d'être surveillés de près ; mais pour un pacifique de mon espèce, toutes ces tracasseries inutiles étaient comme autant de piqûres d'épingles qui me rendaient la vie insupportable.

A tout moment, je sentais ma servitude; j'avais conscience d'être entre les mains de cet homme comme une chose qu'il pouvait mouvoir à son gré ; il me tenait en laisse comme un chien dont on arrête tous les élans.

Quand on n'a pas mérité d'être ainsi traité et que l'on conserve quelque velléité d'indépendance, on ne peut s'empêcher de trouver que la prison est une horrible chose !

Vivre de six heures du matin à huit heures du soir dans une cellule sombre et froide, devant une fenêtre si bien close qu'il est impossible de jeter un regard au dehors ; n'y avoir d'autre distraction que d'entretenir un mauvais poêle, avec une ration de charbon soigneusement pesée et qu'il faut ménager pour qu'elle dure le temps voulu ; sentir perpétuellement peser sur soi une surveillance soupçonneuse et sévère, tout cela, le lecteur n'aura pas de peine à le croire, constitue une existence fort peu réjouissante.

Comme, à la caserne, le soldat qui est de la classe compte les jours qui le séparent de sa libération, je comptais les heures que devait encore durer ma captivité. L'approche de la fin me donnait la fièvre : je n'avais goût à rien, ni à écrire, ni à songer à ce que je pourrais dire pour ma défense devant le Jury. Je m'abandonnais complètement à la Providence, me souvenant de ces paroles du Sauveur à ses apôtres : « Quand vous paraîtrez devant les Juges et les Présidents, ne vous inquiétez pas de ce qu'il faudra leur dire, car le Saint-Esprit vous l'inspirera sur l'heure ».

Pour tromper mon ennui, je me rejetai sur la lecture. Il y a, dans chaque prison, une bibliothèque à l'usage des détenus. J'en avais parcouru le catalogue à Figeac, et je n'avais pas été peu surpris de constater que les volumes qui la composent sont irréprochables au point de vue moral.

L'Administration pénitentiaire ne juge sans doute pas à propos d'y introduire la littérature corruptrice et les romans capiteux qu'on admet avec trop de facilité dans certaines bibliothèques scolaires. Les livres de la prison sont presque tous des classiques, tels que Corneille, Racine, Bossuet, Chateaubriand, ou quelques romans moraux absolument inoffensifs. Le gouvernement de la République, plus délicat pour ses prisonniers que pour les jeunes élèves de ses écoles, n'a pas encore exigé qu'on en fasse disparaître le nom de Dieu ; l'idée religieuse y tient, au contraire, une grande place.

Pendant la semaine que je passai à Cahors, je relus le *Siècle de Louis XIV*, le *Génie du Christianisme* et la première partie des *Martyrs*.

Le soir de mon acquittement, le jeune gardien me disait aimablement et avec esprit son regret de ne pouvoir ni me laisser emporter l'ouvrage, ni me garder jusqu'à ce que j'en aurais terminé la lecture.

Je ne passai qu'un dimanche à la prison de Cahors. Pour moi, le dimanche, c'était la messe, c'était surtout la Sainte Communion. Privé comme j'en étais toute la semaine, je le voyais venir avec joie. Je sentais le besoin des consolations divines, comme le pauvre affamé soupire après la nourriture qui calmera chez lui les affres de la faim. Oh ! si les insensés qui posent en ennemis de Dieu savaient les adoucissements que sa seule présence apporterait à leurs maux, comme ils s'empresseraient de tomber à genoux devant Celui qu'ils insultent !

Ce dimanche-là donc, vers huit heures du matin, je descendis joyeux pour me rendre à la chapelle. Au bas de l'escalier, je trouvai les autres prisonniers rangés deux à deux, comme des écoliers, revêtus de ce costume déplaisant de la prison, véritable livrée d'infamie. Ils étaient sept ; j'arrivai bon huitième pour prendre ma place à côté de l'autre accusé de Figeac qui avait été transféré à Cahors en même temps que moi. Je crus pouvoir lui donner un témoignage d'intérêt en lui demandant doucement de ses nouvelles ; mais quand on est accusé soi-même, on n'a pas le droit de s'intéresser aux autres. — « Silence sur les rangs ! » dit le gardien, et la petite colonne se mit en marche.

Mon Dieu ! qu'elle avait l'air misérable ! et comme je me serais senti humilié si j'avais eu conscience d'avoir mérité d'en faire partie !

A la chapelle, il y avait des bancs sans dossiers, devant lesquels mes camarades se placèrent : je me mis à leur suite, tout à fait en arrière.

La messe commença : c'était le quatrième dimanche du Carême ; j'entendais le prêtre murmurer ces consolantes paroles : « Réjouis-toi, Jérusalem ; rassemblez vous, vous tous qui êtes ses amis. Réjouissez-vous et tressaillez d'allégresse, vous qui avez été dans la douleur ; vous serez rassasiés de l'abondance de ses consolations..... »

Il me semblait que ces paroles étaient pour moi de bon augure : la session des assises s'ouvrait le lendemain ; encore quelques heures et j'allais recouvrer la liberté !...

Le prêtre s'était incliné au milieu de l'autel, il allait commencer l'Evangile. Je me levai comme il convient, pour l'entendre debout. — « Asseyez-vous ! » dit le gardien avec un geste impératif. J'obéis, songeant que le terrible règlement, dont cet homme était pour moi l'incarnation vivante, ne devait pas, sur ce point, être d'accord avec les rubriques.

A Cahors, comme à Figeac, j'avais été maintenu au secret le plus absolu : M. le Procureur de la République, qui devait avoir des ordres, ne permit à personne d'arriver jusqu'à moi.

M. l'Archiprêtre de la Cathédrale et M. le Curé de Saint-Urcisse eurent la pensée de s'adresser à Agen, où l'autorisation demandée leur fut accordée... Ils vinrent tous les deux et on les introduisit au parloir.

Il y a, dans les parloirs de prison, deux côtés bien distincts : le côté des visiteurs et le côté des détenus. Ce dernier, qui n'est qu'un réduit froid et obscur, est séparé de l'autre par une épaisse muraille, au milieu de laquelle est pratiquée une ouverture de cinquante centimètres environ, fortement grillée et du côté des visiteurs et du côté des prisonniers.

Ces excellents confrères ne purent assez dominer l'émotion qui les étreignait, en me voyant ainsi derrière une double grille, pour que je ne m'en rendisse pas compte. L'entrevue leur fut douloureuse..... elle fut néanmoins très douce à mon cœur..... elle m'était une garantie que les meilleurs, parmi mes confrères, me gardaient l'estime et l'affection auxquelles je tenais par dessus tout.

J'ai su depuis que M. l'Archiprêtre de la Cathédrale et M. le Curé de Saint-Urcisse, n'écoutant que la bonté de leur âme, avaient demandé comme une faveur de venir s'asseoir, à mes côtés, sur le banc des accusés. Leur présence m'y eût été certainement d'un grand secours ; je n'oublierai jamais qu'ils ont voulu m'aider à porter ma croix. Mais ces faveurs-là, qu'on accordait assez fréquemment autrefois, quand la France était gouvernée par des tyrans, nos démocrates, au cœur sensible, ne les accordent plus.

Cette semaine qui précéda les assises ramenait des anniversaires chers à mon cœur. Le 10 mars était le quinzième anniversaire de mon installation à Bretenoux. A quinze ans de distance, j'avais un souvenir précis des sentiments qui avaient rempli mon cœur ce jour-là.. Je m'étais donné, sans aucune arrière-pensée, à cette paroisse que la Providence confiait à mes soins. Je voulais être le curé de tous, l'ami des pauvres comme des riches, le soutien surtout des faibles, l'ange gardien des enfants que je considérais comme la portion la plus intéressante de mon troupeau..... Je ne m'étais pas promis d'être l'ami des puissants.....

Je savais, dès le premier jour, que j'aurais, pour la défense religieuse, à contrebalancer l'influence d'un maire qui, au mépris des promesses contraires, venait de laïciser l'école communale des filles, et qu'il faudrait lutter, faire de grands sacrifices, pour conserver à ces chères enfants le bienfait d'une éducation chrétienne.

Je savais bien aussi, d'autre part, que si je consentais à me taire et à me croiser les bras, ma vie s'écoulerait douce et paisible, au milieu d'une population qui ne manque pas de qualités aimables..... Mais, étais-je prêtre pour cela ?... Etais-je curé, surtout, pour vivre tranquille en passant à côté du devoir ?... Non ! je ne voulais pas être le berger mercenaire, le chien muet qui abandonnent le troupeau et le laissent dévorer par les loups... Et alors... les loups s'étaient jetés sur le berger... et je songeais que le Maître a dit : « Le bon pasteur donne sa vie pour ses brebis !... »

Le 11 mars était le trente-huitième anniversaire de ma première communion... Que de doux souvenirs cette date réveillait en mon âme ! Je me revoyais, jeune blondin de dix ans, dans l'église de Notre-Dame du Puy de Figeac, si profondément recueilli, après cette première rencontre avec mon Dieu, que le maître d'école, — ils étaient encore de la fête, en ce temps-là, les maîtres d'école ! — était venu précipitamment relever ma tête trop penchée vers le cierge dont la flamme roussissait déjà mes cheveux... Le premier communiant n'y prenait pas garde tant il était absorbé à écouter les premiers appels de ce Dieu qui déjà l'attirait vers le sanctuaire !

Que d'événements accomplis depuis, que de chemin parcouru, et quelle tristesse de célébrer ainsi seul et en pareil lieu de si touchants anniversaires !...

Je ne saurais donner une meilleure idée de mon état d'âme pendant ces quelques jours qui précédèrent les assises, qu'en citant quelques extraits de la dernière et longue lettre que j'écrivis à mon vieux père : elle porte la date du 10 mars 1904 :

..... « Dans l'isolement au sein duquel je vis ici, ma « plus douce distraction est de t'écrire, parce que mes « lettres te font plaisir et contribuent à soutenir ton « courage. Tu n'as plus que quelques jours à attendre « et ton fils te sera rendu. Il n'y aura rien de changé « en moi ; après tant d'opprobres et tant d'hommages, je « n'aspire qu'à reprendre, auprès de toi, ma vie tran- « quille. Il me semble que je t'aimerai davantage pour « avoir été séparé de toi par une si rude épreuve.

« Après avoir souffert autant, ce me semble, qu'on « puisse souffrir ici-bas, je sens que je compatirai mieux « aux souffrances des autres et que mes paroissiens « malheureux trouveront auprès de moi des consolations « qu'autrefois je n'aurais pas su leur donner. J'aurai « acquis, pendant ces quarante-quatre jours (c'est qua- « rante cinq qu'il fallait dire...) une expérience pré- « cieuse qui me servira pour le reste de ma vie.

« J'aurai vu l'humanité sous tous ses aspects, les « plus sublimes et les plus vils, et il m'en restera pour « elle une grande admiration et une profonde pitié. Je « sens que je n'aurai aucune peine à pardonner à mes « persécuteurs : j'ai fait, dans ma solitude, de si bonnes « méditations ! Mais ce que je n'oublierai jamais, ce « sont les admirables dévouements dont j'ai été l'objet... « (je ne connaissais pourtant pas encore les plus beaux !) « Quand je te raconterai tout cela en détail, quand je te « lirai ces belles lettres que je conserve, tu ne seras pas « surpris que j'aie pu avoir tant de courage.

« Les jours passent bien lentement ; ils s'en vont ce- « pendant et je n'en ai plus que quatre entiers à atten- « dre. Ces jours-ci, j'ai pu prendre connaissance des « accusations portées contre moi et des diverses dépo- « sitions qui ont été faites. Tout cela est bâti avec une

« habileté diabolique ; il faut avoir conscience, comme
« je l'ai, de mon innocence pour n'en être pas accablé.
« Malgré toutes les habiletés qu'on y a déployées, on
« voit cependant la grosse ficelle dont toute la trame
« est cousue ; un jury impartial ne pourra pas s'y
« tromper... »

« Malgré quelques avis contraires, je suis venu ici
« avec ma soutane ; sans aucune bravade, mon regard
« ne s'abaissera honteux devant personne ; on ne verra
« sur ma physionomie qu'une profonde tristesse, causée
« par la pensée qu'une si monstrueuse iniquité ait pu
« se commettre. Je te l'assure, j'aime mieux ma place
« que celle de mes accusateurs. Il faudra qu'ils soient
« bien endurcis, si le remords ne les dévore pas le reste
« de leur vie.....

« Je suis entre les mains de la divine Providence qui
« ne permettra pas que l'épreuve dépasse la limite de
« mes forces. En me privant de ma liberté, alors qu'on
« était bien sûr que je n'en abuserais pas, on a voulu
« évidemment diminuer mes moyens de défense ; heu-
« reusement les nombreux amis de la Justice et de la
« Vérité auront fait ce que je n'ai pu faire moi-même ;
« j'ai confiance en eux et je suis tranquille là-dessus..
« M. l'Aumônier est venu me voir aujourd'hui et m'a
« appris que c'est sûrement lundi que je serai jugé. Je
« m'en réjouis, car ce sera un jour de moins d'attente.
« J'ai toute confiance dans la justice de ma cause. Si on
« m'avait laissé faire, je n'aurais même rien préparé
« pour ma défense, tant il me paraît étrange qu'on
« prenne tant de précautions et un si éminent avocat
« pour se défendre quand on est innocent. Il paraît ce-
« pendant qu'il serait très imprudent de se fier à la bonté
« de sa cause, et qu'il faut tout autant de soins pour se
« défendre innocent que coupable... »

Les jours avaient passé avec une désespérante lenteur ; mais enfin, la semaine tirait à sa fin, l'horribl drame allait avoir son dénouement.

CHAPITRE XV

LE DOSSIER DE L'AFFAIRE

... Il est là, sous mes yeux, soigneusement enveloppé... Je viens de le déposer sur mon bureau... Je le reçus, il y a déjà deux mois, par les soins de Me Désarnaut, qui me l'envoyait avec toutes les pièces touchant à cet affreux procès. J'essayai aussitôt de parcourir ces feuilles ; je n'en eus pas le courage. Je l'enfermai au fond d'un tiroir d'où je viens de l'exhumer tout à l'heure. Au seul contact de ce monument d'iniquité, je sens un frémissement d'horreur dans tout mon être..... Mais je suis bien résolu à vaincre toute répugnance, pour mettre sous les yeux du lecteur tout ce qui me paraîtra de nature à l'éclairer sur la façon dont il est possible de s'y prendre aujourd'hui pour se débarrasser d'un adversaire.

Il y a des responsabilités qui pèsent et dont certains personnages voudraient bien, après coup, se dégager. Le dossier est là..., document officiel, preuve indiscutable, dont toutes les affirmations hypocrites ou lâches ne sauraient infirmer l'autorité.

Ouvrons-le donc et voyons ce qu'il nous révèle :

Sur la foi d'une lettre anonyme adressée au parquet de Figeac, M. le Procureur de la République télégraphie, le 24 janvier, huit jours exactement avant mon arrestation, à M. le Juge de Paix du canton de Bretenoux, d'avoir à se renseigner au sujet des accusations portées contre le curé de ce même canton.

La deuxième pièce du dossier est le rapport de M. le Juge de Paix, en date du même jour ; on va voir que

M. le Juge ne perdait pas de temps et puisait ses renseignements à bonne source.

« Nous nous sommes transporté à Bretenoux à quatre « heures du soir et avons convoqué, sur le champ, « M. le maire de cette localité dans notre cabinet pour « conférer au sujet des susdites accusations.

« Ce magistrat s'est rendu à notre convocation vers « six heures du soir... Il nous a déclaré, sur le champ, « qu'il y avait cinq enfants victimes... etc., etc... » Suit l'énumération de faits ignobles racontés par M. le maire et que, par respect pour nos lecteurs, nous passons sous silence.

Le rapport de M. le Juge de Paix continue en ces termes :

« Monsieur le maire est d'avis, et *nous partageons* « *celui-ci*, que si M. le Procureur de la République « faisait à Bretenoux une *enquête discrète*, les témoins « se décideraient à parler.

« Monsieur le maire prétend qu'il faudrait que M. le « Procureur vint *impromptu* à Bretenoux, *sans s'y* « *faire annoncer*, se rendit directement à la mairie, l'y « fit appeler, et y prit toutes les dépositions possibles « des témoins qu'il y ferait appeler l'un après l'autre, « par son tambour-afficheur *(sic)*. — Si certains parents « des enfants se doutaient, avant d'être appelés à la « mairie, de ce qu'on allait leur demander à eux ou à « leurs enfants, ils défendraient à ces derniers de s'y « présenter, tant ils redoutent le curé en question. « M. le maire nous a fait observer que les cinq enfants « dont il a parlé plus haut pourraient en faire décou- « vrir d'autres.....

« De tout quoi, nous avons dressé le présent procès- « verbal, que nous avons clos et signé, avec M. le « maire, dans notre cabinet à Bretenoux. » — Suivent les signatures du Juge de Paix et du maire.

Je m'abstiens de tout commentaire ; la pièce est assez

éloquente par elle-même : le public intelligent appréciera.

M. le Juge de Paix ne crut pas devoir prendre de plus amples informations. Il fallait une enquête discrète : M. le maire seul fut mis dans le secret. Ils sortirent tous les deux vers dix heures du soir, et d'une maison voisine, un homme digne de foi entendit le Juge de Paix qui disait, en jetant un pli dans la boîte aux lettres : « Vous voyez, M. le maire : je le mets à la poste devant vous ; vous ne direz pas que cela n'est pas parti. »

La troisième pièce du dossier est un nouveau rapport du Juge de Paix, à la date du 26 janvier : décidément, on ne perdait pas de temps.

« En exécution des instructions que nous a envoyées « M. le Procureur de la République de Figeac, dans « son télégramme du 25 janvier que nous avons reçu à « cinq heures et quart du soir, nous nous sommes ren- « du à Bretenoux et nous y avons appelé, dans notre « cabinet, M. le maire, toujours au sujet d'une dénonce « contre le curé, dénonce envoyée à M. le Procureur « de la République de Figeac et que celui-ci avait « transmise à M. le Maire de Bretenoux.

« Ce magistrat municipal s'est rendu, sur le champ, « à notre invitation et nous lui avons fait prendre lec- « ture du susdit télégramme..... et voici, réflexion faite, « ce qu'il nous a déclaré : — Je me trouvais, un jour, « dans le courant du mois d'août dernier, chez le sieur « X, conseiller municipal de Bretenoux. J'y rencontrai « sa sœur, âgée de soixante ans, qui se trouvait en « visite chez son frère avec deux dames de ses amies « qu'elle y avait conduites pour passer quelques jours. « Elles étaient en train de lire le journal *la Dépêche*, « quand elles s'arrêtèrent à un certain article qui rela- « tait des attentats..... L'épouse X les interrompit dans

« leur lecture en leur disant que le papier prenait tout « ce qu'on y mettait, mais qu'elle ne le croyait pas. Sa « belle sœur lui répondit : Vous êtes bien incrédule ; « pareil fait s'est passé à Bretenoux ; votre petit neveu « m'a raconté avant-hier.... etc., etc..... M. le Maire « ajoute que si M. le Procureur de la République ve- « nait à Bretenoux, il pourrait trouver d'autres témoi- « gnages.

« De tout quoi ont signé : M. le Juge de Paix ; B. « maire. »

Et c'est tout.... Les renseignements officieux que M. le Juge de Paix est chargé de recueillir se bornent là. Il n'a pas vu même mes accusateurs, il n'a consulté personne.... Il n'a pas jugé à propos de m'interroger, moi, l'inculpé; il m'eût été par trop facile, en ce moment, de démolir l'échafaudage de calomnies dressé contre moi et qui fut plus difficilement mais si complètement démoli plus tard. Détail remarquable... Si quelqu'un connait les enfants, se rend compte de leurs conversations et de leurs impressions, c'est incontestablement l'instituteur. Celui de Bretenoux y exerce ses fonctions, avec une dignité que personne ne contestera, depuis vingt-huit ans; il était là en 1896, en 1897 et en 1898; il connait ces jeunes gens, il sait ce qu'ils valent, il les a vus à la veille et au matin de leur première communion.... M. le Juge de Paix ne songe même pas à l'interroger.... M. le Juge d'Instruction n'y pensera pas davantage.... Son témoignage aurait-il paru suspect ? Ce n'est pourtant pas de son honnêteté que l'on pourrait douter.

M. le Juge de Paix estime que le témoignagne du maire suffit et il s'en contente. Celui-ci, visiblement inquiet de l'émotion qu'une telle affaire va susciter à Bretenoux, veut que le Parquet de Figeac arrive à l'improviste : « impromptu ! ». — On redoute tant ce curé, d'après lui, que si les parents étaient avertis, ils empêcheraient leurs enfants de parler. Non, monsieur, il n'y avait point parmi vos administrés de parents capables de défendre un prêtre qu'ils auraient su être ou avoir été le flétrisseur de leurs enfants ! C'est une injure toute gratuite que vous leur avez faite en supposant le contraire.

Voyons, voyons, est-ce bien ainsi que, légalement, doivent se faire les enquêtes soit officielles, soit officieuses ?...

Les choses vont se passer maintenant absolument comme M. le Maire l'a indiqué ; ces messieurs du Parquet de Figeac lui obéissent scrupuleusement ; ils arrivent, sans être attendus, le 31 janvier. Rien n'avait transpiré : discrétion complète sur toute la ligne.... Six jeunes gens sont appelés à la mairie ; il y a un idiot parmi eux, peu importe : il dépose tout aussi correctement que les autres, et, sans autre forme de procès, malgré mes plus énergiques dénégations, je suis arrêté séance tenante et conduit le soir même à la prison de Figeac.

Qu'on vienne, après cela, nous parler des lenteurs de la justice ! Ne trouvez-vous pas qu'en la circonstance elle sut être expéditive. L'auteur de la lettre anonyme que nous connaissons et que nous retrouverons, peut-être, avant dix ans, dût être fier de son succès...

En huit jours, du 24 au 31 janvier, la justice — il faut l'appeler ainsi — a fait son œuvre. Il a suffi du témoignage d'un seul homme qui, depuis deux ans, avait mis en jeu tous les moyens de se débarrasser de moi, pour me faire appréhender au corps comme un criminel et jeter en prison. — Encore une fois, le lecteur intelligent appréciera.

Après les documents que nous venons de citer, voici qui n'est pas banal : Au lendemain de mon arrestation, on répandait le bruit, dans les campagnes du canton, que M. le Maire n'était pour rien dans cet événement, qu'il en avait été très surpris et qu'il avait failli s'en trouver mal ! Le pauvre homme !.....

D'un autre côté, M. le Juge de Paix, avec lequel j'avais toujours eu les relations les plus courtoises, protestait qu'il n'avait été en rien mêlé à cette affaire. Il était à la mairie le 31 janvier, il ne quitta ces messieurs du Parquet qu'au moment où le tambour-afficheur venait m'appeler à la sacristie, et le lendemain, un brave homme de Bretenoux étant allé le trouver chez lui, il lui demandait, d'un ton dégagé, s'il y avait du nouveau dans la plaine et feignait une grande surprise en entendant raconter mon arrestation. Il dit encore à qui veut l'entendre, il a même écrit, qu'aucune responsabilité ne lui incombait en tout cela !

C'était le devoir du Maire, c'était le devoir du Juge de Paix de m'accuser s'ils croyaient à ma culpabilité... On ne se défend pas d'avoir accompli un devoir ; on ne s'en cache pas davantage.

Si peu au courant que nous puissions être des formalités judiciaires, nous savons cependant qu'ordinairement ce n'est pas ainsi que se font les choses. Que l'enquête demandée au Juge de Paix par le Procureur de la République soit officielle ou seulement officieuse, elle doit se faire dans d'autres conditions. Ce n'est pas auprès des seuls adversaires de l'intéressé que les renseignements doivent être pris. Les accusateurs sont entendus, on s'enquiert de leur moralité ; il est tenu compte des antécédents de l'inculpé ; le plus souvent, lui-même est interrogé... Quand le Juge de Paix a fini son enquête, le Juge d'instruction fait la sienne ; il interroge les accusateurs, il interroge l'inculpé ; très rarement, et seulement quand il s'agit d'un malfaiteur dangereux dont on peut craindre la fuite, on l'arrête après le premier interrogatoire. Le plus ordinairement on le prévient de se tenir à la disposition de la justice, et on ne procède à son arrestation qu'après avoir bien établi sa culpabilité.

Voilà ce que nous ont assuré des magistrats de vieille roche qui ne pouvaient en croire leurs oreilles quand nous leur racontions la façon dont nous avions été traité.

Les faits qui m'étaient reprochés remontaient à sept ou huit ans ; loin de songer à prendre la fuite, je m'étais obstiné, au contraire, à demeurer à mon poste. Et c'est, on a dû le remarquer, par dépêches, que les premières informations sont demandées, et l'on fait de mon arrestation un coup de théâtre à sensation !

Je retrouve maintenant au dossier les dépositions de mes accusateurs. La première est la déposition de celui que Me Désarnaut appellera plus tard « le sergent-recruteur ». Il résultera, en effet, des dépositions de plusieurs témoins qu'il joua, en cette affaire, le principal rôle, indiquant aux autres ce qu'il faudrait dire... C'est de lui qu'il s'agira quand cinq témoins des plus honorables affirmeront, devant la cour d'assises, avoir entendu un père de famille dire : « Comment se fait il qu'on ne te donne à toi que cinquante francs, alors qu'on a donné vingt-cinq pistoles à un tel ! »

Heureusement pour moi, son intelligence n'était pas à la hauteur de sa bonne volonté. Sa déposition est un tissu d'invraisemblances et même d'impossibilités... Ainsi, il avait oublié que dans l'église de Bretenoux l'autel est adossé au mur et qu'il n'est pas possible de se cacher derrière.

Les invraisemblances, les impossibilités abondent d'ailleurs dans ce fatras de dépositions ; tous ces malheureux affirment qu'à l'époque de leur première communion, en sortant du catéchisme, ils causaient entre eux des singuliers agissements de leur curé, et il ressort, d'autre part, que personne n'en a rien soupçonné, ni leurs parents, ni l'instituteur, ni les autres enfants ! N'est-il pas étrange, vraiment, que des magistrats n'aient pas été frappés de cette anomalie — n'ai-je pas le droit de dire de cette impossibilité ?

Dans le procès-verbal de transport, notons au passage cette phrase : « Arrivés à Bretenoux, nous avons « trouvé M. B..., maire de la localité, et ce dernier a « mandé discrètement à l'Hôtel de Ville un certain nom- « bre de jeunes gens au sujet desquels des renseigne- « ments officieux avaient été pris, quelques jours aupa- « ravant, auprès de M. le Juge de Paix du canton... »

Maintenant que nous savons auprès de qui M. le Juge de Paix prenait officieusement ses informations, qu'il nous soit au moins permis de sourire !

Je n'entrerai pas dans le détail des autres dépositions... Elles sont toutes, d'ailleurs, coulées dans le même moule : « Quand je me préparais à la première communion..., etc., etc. »

Il n'y a de variante que sur le nombre de fois que ces malheureux déclarent s'être confessés : l'un dit de vingt à vingt-cinq fois ; un autre de dix à quinze ; quelques uns, deux ou trois fois par semaine... M. le Juge d'instruction ne savait sans doute pas qu'un curé n'entend guère ces enfants l'un sans l'autre... Cette divergence n'eut pas même l'air d'être remarquée par lui.

Le deux février, M. le Maire comparaissait devant le Juge d'instruction et corsait ses accusations. J'ai là sa déposition sous ma main : elle remplit quatre grandes pages du dossier.

A Bretenoux, il avait dit qu'il connaissait un fait depuis quatre ans... ; à Figeac il affirme que c'est depuis cinq ans environ... ; le 13 février, son fils dira : Il y a sept ou huit ans. C'est cette dernière assertion qui est la plus conforme à la vérité. Nous verrons bientôt pourquoi M. le Maire essayait de rapprocher la date.

Il s'agissait d'une démarche faite auprès de lui par un misérable qui, dans un but de vengeance, voulait forcer deux enfants à porter contre moi d'infâmes accusations. Il ne put y réussir ; malgré toutes ses objurgations, les enfants gardèrent le silence et l'affaire en resta là. J'en avais été informé et je m'étais contenté de hausser les épaules.

C'est cette prétendue accusation que M. le Maire essaie d'exhumer le deux février 1904. Malheureusement pour lui, l'entretien avait eu pour témoin un conseiller municipal encore sain de corps et d'esprit, dont la loyauté ne saurait être contestée. M. le Maire prévoit que cet homme dira la vérité, et d'avance, voici comment il cherche à infirmer son témoignage :

« ... A ce moment-là, arrivèrent les élections au Con-
« seil général. J'avais tout d'abord refusé de me pré-
« senter, mais je fus contraint de revenir sur ma déci-
« sion à la suite des instances de mes amis politiques.
« C'est alors que D..., qui s'était engagé à faire cam
« pagne contre moi dans le camp opposé, est bien avec
« le curé. Voyant le changement complet d'attitude de
« la part de mon ami D... et voyant les bons termes
« dans lesquels il était avec le curé, je craignis qu'il ne

« voulût plus me servir de témoin dans cette affaire et « qu'il laissât croire que c'était mon fils et moi qui « avions mis cette affaire en mouvement... Je me déci- « dai alors à l'abandonner... »

Comme ces choses là sont dites avec grâce ! Elles dénotent bien, en tout cas, l'état d'esprit de cet homme qui trouve tout naturel qu'un de ses amis fasse un faux témoignage parce qu'une divergence d'opinion est survenue entre eux. J'ai toujours été en excellents termes, même avant son changement d'attitude, avec l'ancien conseiller municipal dont il s'agit. Je respecte les opinions des autres comme j'entends qu'on respecte les miennes... Mais ce que j'aime surtout à trouver chez un adversaire, c'est la loyauté. Je croirais faire à quelqu'un une grave injure en le supposant capable de mentir pour la satisfaction d'un caprice, fût-il politique... Il ne paraît pas que M. le Maire ait le même scrupule.

Notez bien que cette perfide insinuation est faite en pure perte. M. B. n'est conseiller général que depuis cinq ans environ, et le fait dont il s'agit remonte, de l'aveu même de son fils, à sept ou huit ans. Le motif qu'il indique pour expliquer son inaction n'a donc pas sa raison d'être. Nous savons maintenant pourquoi M. le Maire disait une première fois « depuis quatre ans » et une seconde fois « depuis cinq ans environ. »

Dans la même déposition, il prête encore à une jeune fille qui vint, comme l'ancien conseiller municipal, lui donner le démenti le plus formel, le récit fantaisiste d'un voyage que j'aurais fait avec elle à Souillac quand elle était enfant, et il l'agrémente de détails ignobles auxquels il paraît se complaire. C'est là un fait matériel dont il a été possible de prouver la fausseté et M. le Maire en a été pour ses frais d'invention.

Voilà pourtant quel est l'homme qui faisait dire partout, qui disait lui-même, que mon arrestation l'avait atterré et que si j'étais condamné, il n'en serait point cause !

Pour corroborer les accusations portées contre moi ou pour infirmer les témoignages qui m'étaient favorables,cinq ou six témoins furent appelés... Leurs dépositions n'offrent guère d'intérêt ; je ne dirai rien d'eux, sinon qu'ils étaient tous ou parents des accusateurs ou d'une moralité plus que douteuse.

Voilà, dans ses grandes lignes, le dossier après l'examen duquel la Chambre des mises en accusations rejeta ma demande de liberté provisoire et crut devoir me déférer devant la Cour d'assises.

Je ne m'étais pas senti le courage de le souhaiter. Mais la Providence le voulut, sans doute, pour qu'apparût plus hideuse, au grand jour de la discussion publique, la machination dont on avait voulu me rendre victime.

CHAPITRE XVI

PRÉLIMINAIRES DES ASSISES

De même qu'il y a, pour le marin errant sur l'immensité des mers, des signes avant-coureurs de la tempête, il y a aussi, pour l'accusé qui attend dans son cachot le moment de sa comparution devant les juges, des préliminaires qui lui annoncent que le moment solennel est proche.

Les assises devaient s'ouvrir le lundi 14 mars; dès le jeudi précédent, un huissier vint m'apporter l'acte d'accusation que je reçus par le guichet de ma cellule.

Je les connaissais, hélas ! ces accusations; depuis quarante jours, elles résonnaient à mes oreilles et j'en avais le cœur brisé.

Néanmoins, quand je les retrouvai toutes réunies en un seul faisceau ; quand je vis, soigneusement écrits et mis en vedette, ces noms qui ne me rappelaient que des aumônes largement faites, des soins affectueusement donnés, des services rendus; quand je constatai l'habileté avec laquelle on avait su tirer tout le parti possible de dépositions plus que suspectes, mon écœurement ne connut plus de bornes.

L'accusé qui, devant sa conscience, est obligé de s'avouer coupable doit être atterré par la lecture d'une pareille pièce. S'il a eu quelque espoir que sa dissimulation, ses dénégations multipliées pourraient égarer la justice et lui valoir un acquittement immérité, l'acte d'accusation, dès qu'il lui est remis, doit briser son courage et anéantir ses espérances. Pour moi, il n'en fut pas ainsi. Parfaitement tranquille avec moi-même, depuis le 2 février, c'est en Dieu que j'avais mis ma confiance; je savais... j'étais sûr qu'Il ne permettrait pas qu'elle fut trompée.

L'acte d'accusation, sur lequel je ne jetai en frémissant qu'un rapide coup d'œil, me parut une monstruosité enfantée par la malice des hommes... Je n'eus pas même la pensée qu'il pourrait amener une condamnation.

Quelques amis m'avaient écrit : « Une condamnation, si par impossible elle se produisait, ne diminuerait en rien l'estime que nous avons pour vous; même condamné, vous demeureriez innocent à nos yeux.... »

Condamné, je n'aurais pas vécu longtemps; ce que j'avais souffert au début m'était un sûr garant qu'une condamnation briserait en moi tous les ressorts de la vie; j'en avais, d'ailleurs, dès le premier moment, accepté le sacrifice..... Mais à la veille des assises, Dieu voulut m'épargner cette angoisse; ma confiance ne fut pas un instant ébranlée.

Je laissai de côté l'acte d'accusation et je repris la lecture un moment interrompue du *Génie du Christianisme*.

Le lendemain, l'huissier vint de nouveau : il m'apportait la liste des témoins cités par l'accusation. Outre les malheureux que je connaissais déjà, il y avait le nom de M. le maire, en tête de quelques autres de moindre importance; en tout dix-neuf, parmi lesquels deux, l'ancien conseiller municipal et la jeune fille si indignement mise en cause par M. le Maire, ne devaient pas peu contribuer à démolir l'horrible trame ourdie contre moi.

Enfin, le samedi, nouvelle et dernière apparition de l'huissier : cette fois, c'était la liste des jurés qui m'était soumise.

Je la parcourus sans intérêt; quelques noms seulement m'étaient connus; le plus grand nombre ne me disaient rien. Que m'importait d'ailleurs ?

De moi-même, je n'aurais récusé personne. Je ne supposai pas qu'un citoyen français, à quelque parti qu'il appartînt, pût condamner un prêtre, parce qu'il est prêtre et qu'en accomplissant son devoir il a pu devenir gênant pour les adversaires de l'idée religieuse.

Ma confiance ne fut pas trompée; l'événement me donna raison.

Mais qu'on y prenne garde!.... On cherche à établir des mœurs nouvelles.... Je connais des misérables qui ont dit : « Coupable ou non, on aurait dû le condamner, dans l'intérêt du parti ». Quand ces gens là seront inscrits de préférence sur la liste des Jurés, je ne serai pas aussi tranquille pour les innocents de l'avenir que je l'étais pour moi-même. Honte au parti, quel qu'il soit, qui aura besoin de la condamnation d'un innocent pour maintenir son prestige !

Ce sont, dans chaque canton, Messieurs les maires qui se réunissent à des époques déterminées, sous la présidence du Juge de Paix, pour désigner, dans chaque commune, ceux de leurs administrés qu'ils jugent dignes de faire partie du Jury ; ils opèrent là un travail d'un intérêt capital pour tout le monde. Le jour où la passion politique se mêlera à leurs délibérations, ce travail constituera un péril national ; la Justice sera morte chez nous !... Qui oserait affirmer qu'en certains endroits cette passion politique ne commence pas déjà à s'y mêler ? Personne pourtant ne s'en préoccupe.... C'est un cri d'alarme que je me permets de jeter... Puisse-t-il être entendu avant qu'il ne soit trop tard !....

Il existe, dans le diocèse de Cahors, comme en beaucoup d'autres diocèses de France, un Comité de Défense Sacerdotale. Son rôle consiste à prendre en main les intérêts du prêtre injustement attaqué soit par la presse, soit de toute autre façon. Persuadés que c'est l'union qui fait la force, les adhérents versent annuellement une cotisation minime qui réalise les fonds nécessaires en cas de procès à soutenir.

Tous ceux qui ont eu quelque démêlé avec la Justice savent qu'un procès coûte toujours cher. La perspective d'une dépense relativement considérable pour leur maigre budget faisait qu'autrefois les prêtres ne répondaient que par le silence aux attaques, aux calomnies dont ils pouvaient être l'objet. Les journaux sectaires le savaient et ils en abusaient étrangement. Ils en abusèrent même à un tel point que la nécessité se fit sentir d'une organisation sérieuse pour la défense de l'honneur sacerdotal.

Des résultats appréciables ont été déjà obtenus; des journaux qui autrefois mangeaient du prêtre quotidiennement sont devenus beaucoup plus circonspects : la crainte de l'amende a été pour eux le commencement de la sagesse.

Dès que le projet de la formation de ce Comité fut mis en avant chez nous par un confrère auquel nous ne saurions trop en témoigner notre reconnaissance, je fus un des premiers à lui prêter mon concours; je ne me doutais guère alors que je serais le héros du procès le plus retentissant que notre nouveau Comité aurait à soutenir.

Lorsque l'épreuve fondit sur moi, aussi terrible qu'inattendue, pendant ces premiers jours d'angoisse passés dans le cachot de Figeac, je ne pensai pas une seule fois que je faisais partie du Comité de Défense Sacerdotale et que cela me serait d'un grand secours pour la confusion de mes accusateurs. Mais le Comité y songeait pour moi. Sans attendre que je fisse appel à son dévouement, à peine eut-il appris mon arrestation, que, sans hésiter un instant, il avisa aux moyens à prendre pour venger mon honneur si indignement outragé.

Il suivit minutieusement l'instruction, il recueillit à Bretenoux même tous les renseignements utiles, et surtout il voulut m'assurer le concours de Me Désarnaut, l'avocat bien connu du barreau de Toulouse.

Je ne soupçonnais pas, dans la solitude de ma prison,

toute la peine qu'on se donnait pour moi, les voyages multipliés, les nuits sans sommeil, la sollicitude de tous les instants... Quand je l'ai su, plus tard, j'en ai été très vivement ému; tant qu'il me restera un souffle de vie, mon cœur en éprouvera un profond sentiment de reconnaissance.

Nous étions déjà au dimanche, veille des assises, et je n'avais eu encore aucune entrevue avec mon avocat. Il arriva à Cahors ce jour-là seulement, vers trois heures du soir, et accourut immédiatement à la maison d'arrêt; on me laissa seul avec lui dans le petit bureau attenant au parloir.

Ce qui me frappa tout d'abord dans le Maître éminent que je voyais pour la première fois, ce fut l'intelligence supérieure que décelait la vivacité de son regard et aussi la loyauté qui se dégageait de sa physionomie toute entière. Je ne doutai pas un instant qu'il aurait renoncé à prendre ma défense s'il n'eût été absolument convaincu que j'étais innocent des ignominies dont on m'accusait.

Il avait dû étudier attentivement le dossier, et plus perspicace que les magistrats de Figeac et d'Agen, il n'avait pas eu de peine à en démêler les invraisemblances et les contradictions. Mes accusateurs ne lui étaient pas encore connus, mais il les devinait si bien que j'eus très peu de chose à lui en dire.

En moins de deux heures, il fut au courant de la cause beaucoup mieux que je ne l'étais moi-même. Quand il se leva pour sortir, il me serra chaleureusement la main; je vis clairement dans ses yeux qu'il ne me faisait pas l'injure d'un soupçon et qu'il me défendrait avec une absolue conviction. Les jours suivants, cette conviction, qui n'avait pu que s'accroître devant l'attitude pitoyable de mes accusateurs et de ceux qui les soutenaient, lui facilita sa tâche et lui permit d'atteindre, dans son admirable plaidoirie, les plus hauts sommets de la grande éloquence.

A la tombée de la nuit, le jeune gardien vint encore me tirer de ma cellule et me conduisit dans le bureau du gardien-chef.

Trois messieurs m'y attendaient. M. le Président des assises se présenta lui-même et me désignant du geste chacun de ses deux compagnons, il nomma « M. l'avocat général » et « M. le Président du tribunal de Cahors ».

Je m'inclinai respectueusement devant ces hauts magistrats et d'un rapide coup d'œil je les dévisageai, les deux premiers surtout, car je savais que M. le Président du tribunal de Cahors ne serait pour rien dans mon affaire.

Le Conseiller de la Cour d'Agen, Président de la session des assises de mars 1904, à Cahors, était porteur d'une heureuse physionomie. Je n'aurais trop su dire pourquoi, mais il m'inspira tout de suite confiance; j'eus la sensation, en le voyant, de me trouver enfin en présence d'un magistrat. Il était temps; depuis quarante jours que j'étais entre les mains des représentants de la Justice, c'était bien la première fois que j'éprouvais cette impression.

M. l'avocat général me parut doué du physique qui convenait à son emploi; il était né pour être accusateur public et n'avait pas manqué sa voie. Son œil, qui voulait être perçant, était surtout remarquablement dur. Son regard s'arrêta longuement sur moi; il put se rendre compte que, devant lui, je n'abaissais pas le mien. Tout, dans sa personne, annonçait le magistrat retors et entêté, qui ne lâche pas facilement sa proie. Je le considérai autant qu'il me considéra; je savais qu'il était l'« Ennemi », et je tenais à me rendre compte de ce que je pouvais en attendre.

En venant ainsi à la prison pour me faire comparaître devant eux, ces messieurs remplissaient une formalité prescrite par la loi.

M. le Président me fit subir un court interrogatoire pour s'assurer de mon identité et me demanda ensuite si je persistais dans mes dénégations. Sur ma réponse très affirmative, il n'eut pas le courage de me dire, comme il arrive souvent en pareil cas, que j'avais adopté là un mauvais système de défense. Je lui sus gré de ne pas insister pour obtenir des aveux que je n'avais pas à faire; des instances dans ce sens m'auraient cruellement blessé. Je ne pus saisir aucune dureté dans ses paroles ni dans son regard; c'eût été plutôt une douloureuse bienveillance qu'il me semblait y discerner.

Il se permit cependant quelques observations sur le costume ecclésiastique dont j'étais revêtu et que j'entendais bien garder devant les assises. Cette résolution parut le surprendre;..... elle n'était pas conforme aux usages..... avec le costume civil je serais moins exposé aux manifestations anticléricales.... je courais le risque d'être hué, etc..., etc....

Tout cela m'était bien indifférent. Abreuvé d'amertume comme je l'étais depuis quelque temps, que pouvaient m'importer quelques clameurs hostiles... — qui, d'ailleurs, ne se produisirent pas. — Le Christ n'en avait-il pas entendu de plus redoutables en gravissant son Calvaire.

Je savais qu'aucun texte de loi ne m'obligeait à quitter un costume que j'avais conscience de ne pas avoir sali. Je remerciai M. le Président de la proposition qu'il me fit de me procurer un habit civil et je demeurai inflexible dans ma résolution.

Je n'eus qu'à m'en féliciter les jours suivants — et les magistrats dûrent eux-mêmes en faire la remarque, en voyant le respect dont je ne cessai un moment d'être entouré. Pendant trois jours, je dus faire plusieurs fois le trajet de la Prison au Palais de justice et vice versa, au milieu d'une foule considérable.. : pas un cri hostile ne fut proféré.

L'audience était terminée. Je remontai tranquillement dans ma cellule, heureux d'en avoir fini avec ces formalités stupides qui, dans la pensée du législateur, étaient destinées à favoriser la défense de l'accusé, mais qui pratiquement ne signifient rien et ne peuvent que l'énerver s'il n'est doué d'une force morale peu commune.

Ces réflexions me venaient à l'esprit, en pensant au pauvre malheureux qui devait être jugé après moi et que je savais absolument désarmé devant tout cet appareil judiciaire. Il ne savait ni lire ni écrire, il ne parlait et ne comprenait que son patois grossier, et il reçevait solennellement comme moi, par ministère d'huissier, son acte d'accusation, les listes des témoins et des jurés, toutes choses qui pour lui étaient bien lettres mortes. Supposez un instant qu'il fût innocent : quelle situation que la sienne !

On lui avait assigné, il est vrai, un avocat d'office ; mais personne ne s'intéressait à son sort ; l'avocat ne pourrait avoir que les renseignements que cet ignorant ne saurait même pas lui donner ; quels que fussent son talent et sa bonne volonté, comment pourrait-il, sans autres données, défendre utilement son client? J'éprouvais pour cet abandonné une si profonde pitié que j'en oubliais ma propre misère.

Et dire que ce sont ces pauvres malheureux, ces déshérités de la fortune et de la nature, qui sont aujourd'hui les plus fermes soutiens d'un état de choses si préjudiciable à leurs plus chers intérêts! Ah! non, la France n'est pas mûre pour la liberté. A défaut d'un tyran, elle s'en donne par centaines; sous un régime essentiellement libéral, elle n'a pas su conquérir un dixième des libertés dont certaines nations se sont assuré la jouissance sous le régime impérial ou monarchique.

Le mot de liberté est devenu chez nous synonyme d'oppression... C'est au nom de la liberté de conscience, que les catholiques sont traités en parias; c'est au nom de la liberté d'enseignement, que nos écoles chrétiennes sont fermées; c'est au nom de la liberté d'association que nos communautés religieuses sont expulsées.

Ce sont là des faits matériels et palpables contre lesquels toutes les protestations ne peuvent rien... Il y a déjà chez nous des milliers de maisons au fronton desquelles nous avons le droit d'inscrire, comme sur cette école de Bretagne: « Maison fermée pour cause de décès de la liberté. »

Le grand jour des assises s'était enfin levé: la session s'ouvrait à onze heures.

Fermement convaincu que l'affaire de Bretenoux serait réglée en une séance qui se prolongerait peut-être un peu dans la nuit, n'ayant d'ailleurs aucun doute sur le résultat final, je ne pris pas la peine de faire mon lit ce matin-là.

Je fis un paquet de tout ce que j'avais à emporter après ma libération et je le déposai sur le banc, pour n'avoir pas à stationner longtemps dans cette affreuse cellule quand aurait sonné pour moi l'heure de la liberté.

Je passai cette matinée dans la prière ; je récitai mon rosaire et je me mis en règle pour mon bréviaire. Quelques instants avant le départ pour le Palais de Justice, je récitai l'antienne du *Magnificat*, aux premières vêpres de l'office votif des Apôtres : « Ils vous traduiront devant leurs assemblées, ils vous flagelleront dans leurs synagogues, et vous serez conduits, à cause de moi, devant les Juges et les Présidents, pour rendre témoignage devant eux et devant les nations. »

Dix heures et demie... la porte s'ouvre... il faut partir... Dans le bureau du gardien-chef, je fus remis aux deux gendarmes qui devaient m'emmener au Palais. J'étais maintenant au courant des formalités : sans attendre d'y être invité, je découvris mes poignets et je tendis mes deux bras. Je m'attendais à être enchaîné... il n'en fut rien. J'insistai, ne voulant pas être pour ces braves gens la cause d'un ennui quelconque ; ils me donnèrent l'assurance qu'ils ne couraient aucun risque en estimant que les menottes n'étaient pas nécessaires... Je le regrettai presque.

Devant la prison, un groupe de curieux plutôt sympathiques. Je montai dans une calèche attelée de deux chevaux que l'excellent abbé Magne, dont le dévouement ne se lassait jamais, avait mise à ma disposition pour la circonstance.

Par la portière ouverte, je voyais la foule qui me considérait silencieux... La voiture s'arrêta derrière le Palais ; il paraît que c'est par là qu'entrent toujours les accusés. Quand je mis le pied sur le trottoir, j'entendis des voix amies qui me disaient : « Bon courage ! » Ce fut d'un pas très ferme que je pénétrai dans le sanctuaire de la Justice.

CHAPITRE XVII

LA COUR D'ASSISES

La salle était encore vide quand les gendarmes m'installèrent sur le banc des accusés. Après avoir tant redouté cette mise en scène si solennelle de la Cour d'assises, je m'étonnais moi-même de me sentir le cœur si léger au moment où allaient s'ouvrir les grands débats qui décideraient de mon sort.

J'avais pris dans ma main, en quittant ma cellule, mon petit crucifix, avec l'intention de l'y garder jusqu'à la fin ; je ne saurais dire combien le contact de l'image sacrée soutint tout le temps mon énergie.

Dans cette salle vide, ce fut encore sur le grand crucifix dont les bras s'étendaient au-dessus du fauteuil présidentiel que mes yeux s'arrêtèrent tout d'abord. La contemplation de l'innocente victime faisait du bien à mon cœur et redoublait mon courage. C'était la dernière fois, hélas! que l'image du Christ allait présider aux débats de la Cour d'assises ; la rage des sectaires ne devait pas tarder à décréter son expulsion de tous les prétoires de France.

Combien je m'estime heureux aujourd'hui que cette odieuse mesure n'ait pas été prise avant la session où je devais être jugé ! Il me semble que l'absence du Christ eût brisé mon courage : sans lui je me serais senti bien seul et le poids des accusations portées contre moi m'aurait écrasé !

Louis XIV disait que l'exactitude est la politesse des rois; il ne paraît pas qu'elle soit celle de nos magistrats.

L'ouverture de la session, annoncée pour onze heures, n'eut guère lieu qu'à onze heures et demie.

La salle s'était remplie peu à peu... Je retrouvais mes accusateurs ; leurs yeux mauvais me regardaient de loin et s'animaient d'une lueur joyeuse en me voyant assis au banc de l'infamie. Je compris tout de suite qu'ils n'avaient aucun regret de ce qu'ils avaient fait et qu'ils iraient crânement jusqu'au bout de leurs criminels projets.

Je vis aussi, avec un étonnement mêlé d'une grande joie, un nombre considérable de mes meilleurs paroissiens, dont les yeux se remplissaient de larmes dès que leurs regards rencontraient les miens.

Je savais un peu, depuis la veille, ce qu'ils venaient faire ; je connaissais l'héroïque dévouement au prix duquel ils allaient pouvoir apporter la preuve de mon innocence et confondre l'audace de mes accusateurs : je n'avais pas cru cependant qu'ils dussent venir si nombreux ; leur présence me fut une consolante surprise.

La surprise, pour leur être moins consolante, n'avait pas été moindre, à la gare de Bretenoux, le matin, au départ du train, pour ceux qui nourrissaient le doux espoir d'obtenir contre moi une condamnation sévère... Le secret avait été bien gardé...

Le vendredi précédent, M. le Juge de Paix s'enquérait, avec une sollicitude touchante, s'il n'y aurait pas quelques témoins à décharge... Sur la réponse négative qui lui fut faite, il se lamentait sur mon malheureux sort et... courait immédiatement chez le Maire lui annoncer la bonne nouvelle... Sa domestique, fidèle écho de ce qu'elle entendait dire chez son maître, assurait, dans une épicerie de Bretenoux, que mes paroissiens pouvaient en prendre leur parti, qu'ils ne me reverraient plus jamais... Et c'était ce même magistrat qui, pendant ma détention à Figeac, écrivait qu'il me tenait en parfaite estime ; c'était lui qui, au premier de l'an, m'envoyait sa carte, avec ces mots : « Bonne année ! Joies pastorales ! »

La Cour avait fait son entrée... On procédait au tirage au sort du Jury. Le ministère public récusait d'un côté, la défense récusait de l'autre. Le droit de récusation a évidemment sa raison d'être. On comprend très bien que le ministère public n'accepte pas comme juges des hommes qui seraient des amis personnels de l'accusé ou ses obligés ; on comprend de même que la défense repousse ceux qui seraient ses ennemis ou qui pourraient avoir contre lui quelque motif de vengeance à exercer : un juré doit offrir toutes les garanties d'impartialité désirables.

Ce n'est pas ainsi que le droit de récusation s'exerce aujourd'hui... L'esprit de parti semble y avoir beaucoup trop de part. Dès qu'il s'agit d'un prêtre, le ministère public repousse impitoyablement quiconque lui paraît suspect de sentiments religieux trop prononcés ; la défense, de son côté, récuse autant qu'il est possible les adversaires notoires de l'idée religieuse ; à ce jeu, le droit de récusation est vite épuisé de part et d'autre, et, en fin de compte, c'est le sort qui décide de la composition définitive du Jury.

Mon Dieu ! cela vaut peut-être mieux ainsi. Si j'avais été acquitté par un jury composé de cléricaux, on n'aurait pas manqué de dire qu'ils avaient voulu m'épargner, même coupable. Je connais très peu les jurés auxquels je dois mon acquittement ; j'ai ouï dire que la plupart d'entre eux avaient des opinions plutôt avancées. Il a suffi qu'ils fussent honnêtes. Je n'ai jamais senti le besoin de leur bienveillance; on ne leur a demandé que la justice,et ils l'ont rendue, en leur âme et conscience, à l'unanimité.

Savent-ils que, dans leur dépit, mes adversaires ont fait courir le bruit que la noblesse et le clergé les avaient chèrement payés? On a parlé de deux ou trois millions — rien que cela! — qui leur auraient été distribués... Et il y a des imbéciles qui le disent et qui le croient encore... On ne saura jamais les extrêmes limites où peut aller la bêtise humaine!

Après le tirage au sort et l'installation du Jury, ce fut l'appel des témoins. Dix-neuf cités par le ministère public, parmi lesquels deux très affirmatifs en ma faveur; cinquante-six appelés par la défense. Ils répondaient à l'appel de leurs noms et venaient se grouper dans l'espace libre entre les sièges des jurés et le banc des accusés.

Ces formalités une fois accomplies, tous les témoins quittèrent l'audience pour se rendre dans la salle qui leur était réservée.

En raison de la nature des accusations portées contre moi, le huis clos fut prononcé, mais il ne fut jamais bien sévèrement observé. Je n'en fus pas gêné le moins du monde. Coupable, je me serais effondré de honte devant tous ces regards fixés sur moi... Innocent, je ne les redoutais aucunement. Je sentais, au contraire, qu'ils soutiendraient mon courage et contribueraient à me donner l'énergie dont j'allais avoir un si grand besoin.

Après la lecture de l'acte d'accusation, c'est par l'interrogatoire de l'accusé que s'ouvrent toujours les débats.

Monsieur le Président prononça la formule traditionnelle : « Accusé, levez-vous ! » Je me levai et répondis aux questions d'usage.

— « Qu'avez vous à dire pour votre défense ? » Ce que j'avais à dire pour ma défense... je n'y avais guère songé.

Je savais qu'il n'y avait pas un mot de vrai dans les ignobles accusations formulées contre moi ; je savais que dans tous les actes de mon ministère, j'avais toujours été d'une réserve dont on m'avait souvent félicité et qui m'avait gagné la confiance de mes confrères et des fidèles ; je savais avec quel scrupule j'avais toujours évité de poser à un enfant une question qui eût pu éveiller dans son jeune cœur une pensée dangereuse ; je savais surtout de quel respect j'avais entouré ces âmes innocentes à la veille de leur première communion... J'entendais encore les parents me dire dans leur ravissement : « Monsieur le curé, comme vous avez, en quelques semaines, transformé nos enfants ! — Ce serait trop beau si cela durait ainsi ! » Je les revoyais rangés devant l'autel, au matin de ce jour béni, dans une attitude qui faisait songer aux anges du ciel... je me rappelais la solennité dont je m'étais toujours plu à entourer cette cérémonie d'une première communion...

... Et à sept ou huit ans de distance, c'étaient ces mêmes enfants, qui, pris d'une rage soudaine, bien difficile à expliquer en dehors d'intentions criminelles, venaient me reprocher de les avoir flétris ! !

Comment se traduisit mon indignation devant messieurs les jurés ? Je n'ai pu en garder un souvenir précis. Ce que je leur disais, je le sentais si vivement que les mots me venaient en foule pour l'exprimer.

Après leur avoir exposé ma situation à Bretenoux,

toutes les vexations dont j'étais l'objet depuis deux ans, la dignité et l'indépendance dont je n'avais jamais voulu me départir, la fermeté avec laquelle, en évitant soigneusement toute incursion sur le terrain politique, j'avais relevé les attaques portées à la religion et défendu surtout l'enseignement chrétien, persuadé que tel était mon devoir de prêtre et de pasteur, je dus leur laisser entendre que c'était de cela, sans doute, qu'on voulait me punir, car M. l'avocat général m'interrompit vivement :

— « D'après vous, s'écriait-il, vous seriez victime d'un complot ? » Sans aucune hésitation je répondis : « Oui, Monsieur l'avocat général, victime d'un complot ! » — « Mais un complot suppose des meneurs ! » — « Naturellement. » — « Qui donc voudriez-vous accuser ? » Je gardai le silence. — « Accuseriez vous M. le Maire ?... » La question me parut plus qu'indiscrète, je la crus dangereuse. — « Je ne suis ici pour accuser personne ; j'y suis pour me défendre ; à d'autres de tirer les conclusions : la suite des débats les y aidera, peut-être.

Dans son réquisitoire, M. l'avocat général, qui se portait garant de l'honorabilité de M. le Maire — « Un homme, disait-il avec emphase, honoré des suffrages de ses concitoyens ! » — profitera de cette réponse pour affirmer que, cette honorabilité, l'accusé lui-même l'avait solennellement reconnue !

Après cet incident, il me semble avoir dit à messieurs les jurés :

— « Mettez-vous à ma place ; si de pareilles accusations étaient portées contre vous, que pourriez-vous faire autre chose que de crier, comme moi, bien haut votre innocence... En pareille matière, quelle autre preuve pourrait être fournie ? »

Je ne savais pas encore que cette preuve, que je croyais impossible, plus de cinquante témoins allaient l'apporter, lumineuse, indiscutable.

Après mon interrogatoire, commença le défilé de mes accusateurs. J'entendis de nouveau ce que j'avais entendu devant le Juge d'instruction... Mais cette fois, Me Désarnaut était là qui relevait les contradictions faisait ressortir les invraisemblances, notait au passage les expressions savantes, les mots techniques que ces jeunes gens ne tiraient certainement pas de leur cru, qu'ils ne comprenaient pas, et prônonçaient même tout de travers, pour les avoir mal entendus de la bouche du maître qui les leur avait suggérés. Ces interruptions les contrariaient visiblement ; ils ripostaient d'un ton rageur et croyaient bien faire en exagérant leurs premières dépositions...

Messieurs les jurés écoutaient impassibles ; mais le public qui n'était pas tenu à la même réserve commençait à manifester son dégoût ; la conviction s'établissait peu à peu dans les esprits, et elle était loin de m'être défavorable.

Depuis les sept ou huit années auxquelles remontaient les faits qui m'étaient imputés, je n'avais pas le souvenir très précis des conditions dans lesquelles ces jeunes gens avaient été préparés à leur première communion. En entendant l'un d'entre eux qui, pressé par Me Désarnaut, avait le cynisme de m'accuser jusqu'à la veille du grand jour, je me souvins que le parquet de Figeac avait en sa possession mon registre paroissial, que j'avais déjà vainement réclamé et qui devait contenir des renseignements très importants pour ce débat... Me Désarnaut demanda ce registre... Il n'était pas au dossier !... M. le Procureur de la République dut avouer qu'il était resté au tribunal de Figeac; sur l'injonction de l'éminent avocat, il donna l'assurance qu'on l'aurait le lendemain... Nous verrons bientôt ce qu'on y trouva.

Après les accusateurs, M. le Maire fut appelé : il renouvela, avec de remarquables variantes, les dépositions dont nous avons déjà pris connaissance ; pour insinuer que ma réputation était depuis longtemps suspecte à Bretenoux, il affirmait que ces faits étaient bien connus : « On en parlait dans les cafés ! » — « Dans quels cafés? » lui dis-je brusquement. Mon interruption, à laquelle il ne s'était pas attendu, l'interloqua ; il hésita un instant. — « Dans quels cafés ? » répétai-je encore. Il ne put en nommer qu'un : « Au café X. » — « Ah ! oui, le vôtre ! » C'était le café honoré des assiduités de M. le Maire ; celui qu'il appelle d'une façon si pittoresque : « le Café de la nuance » ; celui dans lequel mes accusateurs avaient passé toutes les longues soirées d'hiver. Ah ! oui, il s'était parlé de bien des choses dans ce café !

Mais quand vint l'ancien conseiller municipal qui remit les choses au point; quand vint la jeune fille qui opposa le démenti le plus formel, avec preuves à l'appui, au récit romanesque que le Maire affirmait tenir d'elle-même ; quand on entendit ces deux témoins rétablir les faits de la manière la plus véridique et qui expliquait tout naturellement l'inaction dans laquelle le Maire s'était renfermé pendant huit ans ; quand on entendit cette jeune fille — qui a vingt ans aujourd'hui — dire avec une indescriptible émotion : « Ce que je sais de M. le curé, c'est que sans lui je serais morte comme ma sœur ; c'est qu'il nous a donné du pain quand nous n'en avions pas ; c'est qu'il m'a protégée contre mon père... », l'échafaudage d'iniquité s'écroula comme un château de cartes. Les trois ou quatre autres témoins que M. le Maire avait fait citer pour confirmer ses affirmations n'offrirent pas assez de garanties pour le rétablir ; l'avocat général lui-même jeta par-dessus bord le principal, qui lui donnait des nausées, et bien qu'il voulût tirer un argument de moralité, en faveur d'un second, de la franchise avec laquelle il reconnaissait son inconduite, d'ailleurs publique, il dut comprendre que de pareils auxiliaires ne le serviraient guère.

C'est étrange... les audacieuses affirmations de mes accusateurs ne me troublèrent pas un seul instant... Je voyais si clair dans leur jeu qu'il me paraissait impossible que tout le monde n'en fît autant. J'ai su depuis que je ne m'étais pas trompé et que l'attitude seule de ces malheureux, l'acharnement avec lequel ils me poursuivaient, la rage qui se dégageait de leurs dépositions, avaient établi une forte présomption en ma faveur...

L'accusation avait produit tous ses témoignages ; la défense allait maintenant produire les siens.

Il était déjà six heures du soir quand commença l'audition des témoins à décharge. Il ne fallait plus songer à ce que l'affaire se terminât ce jour-là. Ils étaient cinquante-six et on pouvait prévoir que ce qu'ils auraient à dire donnerait lieu à de dramatiques confrontations. La journée du lendemain suffirait à peine pour les entendre ; dès ce moment, je compris qu'il fallait se résigner et que le verdict ne pourrait être rendu que le mercredi.

Deux témoins à décharge seulement furent entendus en cette première journée : Monseigneur l'Évêque de Cahors et son vicaire général, auprès duquel j'avais passé, comme vicaire à Gramat ou missionnaire à Roc-Amadour, les huit premières années de mon ministère.

Avec la facilité d'élocution qui le distingue, Monseigneur rendit à son prêtre un éloquent témoignage. Il affirma que, depuis huit ans qu'il gouvernait le diocèse, il n'avait jamais reçu contre lui des plaintes de cette nature...; il se fit, en termes émus, l'écho de son clergé dont il venait de recueillir les impressions dans sa tournée pastorale... Sur interpellation de Me Désarnaut, Sa Grandeur entra dans le détail des vexations dont j'avais été l'objet depuis deux ans... ; on m'avait accusé de tout, excepté de cela... ; tous les autres moyens avaient été mis en jeu pour se débarrasser de mon influence..., il ne restait que celui-là...

M. l'avocat général l'interrompit bruyamment... Reprenant l'idée qu'il avait déjà émise le matin, il s'indigna à la pensée que « Monsieur l'Evêque » osât supposer qu'il y eût à Bretenoux quelqu'un d'assez misérable pour organiser un si abominable guet-apens...; il se complaisait en son hypothèse qu'il présentait comme une monstruosité...; il disait tout haut ce que chacun pensait tout bas... Monseigneur l'écoutait impassible, et quand il le vit à bout de ses grandes phrases où ne vibrait qu'une indignation de commande, il lui répondit finement : « Monsieur l'avocat général, je me suis contenté d'exposer des faits ; c'est vous-même qui en tirez les conclusions ; je vous en laisse toute la responsabilité. »

Je crus de mon devoir de donner à mon chef hiérarchique un témoignage de ma respectueuse reconnaissance. Je me levai de mon banc et m'inclinai profondément devant lui. Monseigneur, qui s'aperçut de ce mouvement, se tourna vers moi et voulut bien me bénir en se retirant. Cette petite scène déplut à l'accusateur public qui, dans son réquisitoire, en peine sans doute d'arguments plus sérieux, aura le mauvais goût de me reprocher ce qu'il appellera : « Un geste théâtral de bénédiction. »

M. le vicaire général eut de la peine à maîtriser son émotion. Ce fut d'une voix étouffée par les larmes qu'il raconta mes débuts dans le sacerdoce, la confiance que j'avais su lui inspirer et qui l'avait porté à m'attirer auprès de lui quand il fut mis à la tête des missionnaires diocésains à Roc-Amadour.... Il n'avait jamais eu qu'à s'en louer....

Ce fut sur la très favorable impression produite par ce témoignage qui venait directement du cœur que l'audience fut levée, et l'affaire renvoyée au lendemain matin à neuf heures.

Je rentrai à la prison dans le même appareil que j'en étais venu, et bien qu'il fût déjà nuit, la foule qui stationnait nombreuse sur tout le parcours ne se livra à aucune manifestation hostile.

Dès le lendemain, les journaux de toute nuance livraient au public leurs réflexions. L'un d'eux qui, dès le premier moment, m'avait poursuivi de sa haine sectaire, publiait ces lignes dont je ne puis aujourd'hui que sourire : « A l'audience du lundi, des faits ont été « apportés par les accusateurs de l'abbé Delrieu, qui, « un crucifix entre les mains, s'élevait à chaque accu- « sation en violentes protestations (Menteur va !). Sa « défense était serrée, nourrie, étudiée ; prononcée avec « avec force, parfois avec éloquence, elle faisait sou- « vent impression sur l'auditoire, car l'abbé Delrieu « n'est pas un de ces vulgaires curés de campagne,

« timide, craintif, soumis, résigné; c'est une nature
« forte, combative, violente, devant laquelle tout doit
« plier et qui ne se plie à rien.

« D'une rare intelligence, (bien obligé !) l'abbé Del-
« rieu a toujours occupé de distinguées situations sacer-
« dotales; il a occupé souvent les chaires paroissiales
« du diocèse et a acquis ainsi une réputation considé-
« rable dans le monde catholique. C'est ce qui explique
« l'affluence énorme qui se presse dans la salle d'au-
« dience : curés, cléricaux qui sont venus apporter à
« l'accusé le réconfort d'une sympathie qui, *malgré les*
« *faits* (!!), ne s'est pas démentie un seul instant : c'était
« de grand jeu..... »

Eh ! non, personne ne jouait la comédie parmi mes défenseurs !.... Il avait pu y avoir de l'indignation dans mes protestations — on en aurait à moins — mais il n'y avait pas eu de violence. Si ma défense était serrée et nourrie, c'est que la cause était bonne, car je donne ma parole d'honneur qu'elle n'avait pas été étudiée. Le plumitif qui s'exprimait de la sorte aurait aimé, sans doute, à me voir « timide, craintif et résigné ». La calomnie aurait eu plus beau jeu. Je n'ai pas la nature forte, combative et autoritaire dont il me gratifie si généreusement. .. N'exagérait-il pas à plaisir l'importance de ma modeste personnalité pour persuader aux jurés qu'un intérêt capital était engagé en cette affaire et qu'il fallait me condamner à tout prix ?

C'est le même journal, huguenot, m'assure-t-on, qui à la date du neuf mars avait publié, sur le curé de Bretenoux, un long article biographique qui n'est qu'un tissu de mensonges et d'insinuations perfides, que je ne prendrai pas la peine de relever. Ce factum venimeux fut envoyé, pendant la session, à tous les membres du jury; ce n'était pas évidemment pour les disposer en ma faveur. Le lecteur impartial flétrira, comme elle le mérite, la déloyauté d'un pareil procédé.

Serait-il vrai que MM. les Jurés auraient eu à subir d'autres sollicitations ? Ce serait trop infâme, je me refuse à le croire.

Avant de m'endormir, ce lundi 16 mars, je remerciai Dieu de m'avoir soutenu pendant cette journée, que je croyais devoir être la plus angoissante et au cours de laquelle je n'avais pourtant pas éprouvé une minute d'abattement.

Au début de l'audience du lendemain, je reçus enfin mon registre paroissial..... Parmi mes accusateurs, cinq avaient fait leur première communion en 1899; on les avait entendus, la veille, m'accuser avec un cynisme révoltant, jusqu'au moment de la dernière absolution; pour peu qu'on eût osé le leur demander, ils auraient peut-être dit, jusqu'au matin même du grand jour.... Or, en ouvrant mon registre, à cette date de 1899, je vis qu'un missionnaire de Roc-Amadour avait prêché une retraite à ces enfants et les avait préparés, en dernier lieu, au grand acte qu'ils allaient accomplir. Je me levai aussitôt pour faire part au jury de ma découverte. Un murmure d'indignation s'éleva de la salle; il fut immédiatement réprimé par M. le Président et j'entendis l'accusateur public murmurer : « Ce détail est sans importance ! »

Me Désarnaut demanda s'il n'y aurait pas lieu de prendre quelques mesures de rigueur.... Il me sembla vaguement qu'on lui répondait : « Il n'y a plus le flagrant délit ».

Et alors commença le défilé des cinquante-six témoins

qui venaient raconter tout simplement ce qu'ils avaient entendu.

Le lecteur connaît déjà quelques uns de ces propos: mais ce qu'il ne peut pas soupçonner, c'est l'épouvantable impression qui se dégageait de tous ces témoignages.

Salaires offerts et acceptés; promesses de places rémunératrices; beuveries gratuites et multipliées; menaces d'un père à son fils qui hésitait à marcher; excitations à ne rien craindre et à en dire assez; jalousie d'avoir été moins payé que d'autres; recommandations de ne pas se tromper et de bien dire ce qu'un tel avait indiqué.... : il y avait tout cela et plus encore. Les esprits se refusaient à croire à tant d'ignominies, cela dépassait toute imagination....

S'il n'y avait eu que quelques témoins, on aurait pu suspecter leur sincérité ; mais il y en avait *cinquante*, et ils n'avaient pas des mines de bandits.

Malheureusement, lorsque l'avocat général exaspéré leur demandait comment ils avaient entendu de pareilles horreurs, ils répondaient presque invariablement : « En passant devant la porte, pendant la nuit. » Et l'avocat général de s'écrier : « Eh quoi ! s'il y a, à Bretenoux, des gens capables de faire un faux témoignage, ils sentent donc le besoin de le crier si haut qu'on les entende de la rue ! »

J'avoue que j'éprouvais moi-même cette impression... J'étais angoissé d'entendre ces braves gens émettre des affirmations si graves.... j'en redoutais pour eux les conséquences... Ce fut une terrible journée !

Trois témoins, trois hommes d'un âge mûr et d'une honorabilité incontestable, racontèrent que, le lendemain de mon arrestation, un des jeunes gens, qui était maintenant au nombre de mes accusateurs et qui s'y distinguait par la gravité et le cynisme de ses affirmations, leur avait dit : « On voudrait bien que moi aussi j'accuse M. le Curé, mais il ne m'a jamais fait que du bien; si tous étaient comme moi, il ne serait pas à la peine comme il y est. » L'un de ces témoins, vieillard de soixante-quinze ans, qui a été pendant trente-sept ans serviteur de l'Etat, spécifiait même que ce malheureux lui avait dit : « *Un tel* est venu deux ou trois fois.... » Le nom propre, que je ne transcris pas ici, fut prononcé sans hésitation.... Le jeune homme, appelé à la barre, nia effrontément et pour mieux accabler ses contradicteurs, voici ce qu'il raconta :

« Le lendemain de l'arrestation de M. le curé, c'était le 1er février... j'étais à la foire de Vayrac... Je partis à cinq heures du matin, je déjeunai à Puybrun, chez un tel, puis je menai un troupeau de veaux à la foire et je ne rentrai à Bretenoux que le mardi soir, vers quatre heures. » Et il ajoutait triomphalement : « Comment aurais-je pu tenir ces propos à Bretenoux, le 1er février, puisque je n'y étais même pas ? »

L'avocat général triomphait, lui aussi : « Vous mentez, disait-il au témoin ; je devrais vous faire mettre en prison immédiatement; voyez donc, il n'était pas à Bretenoux, ce jour-là ! il était à Vayrac ! »

Je tremblais sur mon banc ! Mais le témoin qui savait qu'il disait la vérité ne tremblait pas, lui. Il maintint énergiquement son affirmation. C'est alors que l'avocat général s'écria, avec l'accent de la plus sincère indignation : « Il y a ici un menteur ! je donne ma parole d'honneur que le jour où je le connaîtrai, je requerrai moi-même contre lui toutes les rigueurs de la loi ! »

Hélas !! moins de quinze jours plus tard, le menteur

était connu; j'en avertis M. l'avocat général qui ne me répondit pas.

Je déposai ma plainte au parquet de Figeac, une enquête fut ordonnée. Pendant quatre ou cinq jours, ce fut à Bretenoux un spectacle fort intéressant : le brigadier de gendarmerie chargé de l'enquête allait et venait, de nuit et de jour, de chez le maire chez l'inculpé et vice versa. M. le Maire ne tenait pas en place.... En quoi cela pouvait-il donc l'inquiéter que le jeune homme eût été obligé d'avouer qu'il avait menti? Il y avait trop de témoins qui savaient qu'il n'était pas à Vayrac le 1er février, il était bel et bien à Bretenoux... On s'était rendu compte, heure par heure, de ses faits et gestes ce jour-là....

Qu'allait-il résulter de cet aveu?.... Il n'en résulta rien du tout! M. le Procureur de la République me fit savoir, par l'intermédiaire du maire, qu'en effet, un tel *s'était trompé!* (admirez l'euphémisme!) Au cas où le faux témoignage existerait, en vertu de l'article 36 du Code pénal, il ne pourrait être poursuivi que devant la la Cour d'assises, et il me laissait gracieusement le soin de le pousuivre à mes frais, risques et périls. J'ai gardé soigneusement copie de cette lettre dont il fallut renvoyer l'original. Je portai ma plainte à M. le Procureur Général qui, sans tant de façons, répondit par un refus de poursuivre.

Et voilà comment il est établi qu'on peut, sans trop de risques, mentir en Cour d'assises.

Si les témoins qui déposaient en ma faveur avaient été pris en flagrant délit de mensonge, ils n'auraient donc pas couru les graves dangers que je redoutais tant pour eux.... à moins que la loi ne soit pas la même pour tous.

Mais les braves gens ne mentaient pas !

Ce que j'ignorais, c'est qu'on leur avait recommandé de garder le silence sur les moyens extraordinaires qu'ils avaient pris pour entendre tout ce qu'ils avaient entendu. D'aucuns estimaient que leurs témoignages en eussent été infirmés.

Il me semble cependant que l'impression produite par leurs révélations eût été autrement vive, s'ils avaient dit tout simplement : — Dès le soir même de l'arrestation de notre curé, nous avons eu l'idée qu'un abominable attentat se commettait chez nous ; persuadés que les auteurs ne sauraient pas s'en taire et en parleraient entre eux, nous avons voulu entendre ce qu'ils diraient quand ils se croiraient seuls.... Nous avons pour cela organisé une surveillance secrète mais très active, nous avons écouté aux portes, aux fenêtres, dans les galetas, dans les étables, à tous les coins de rue, et nous vous apportons le résultat de cette police que, fort heureusement, les intéressés n'ont pas soupçonnée.

Quel est l'homme d'honneur qui eût pu les blâmer d'avoir pris des moyens extraordinaires pour déjouer une machination si extraordinaire elle-même ?

Malgré le silence qu'ils gardaient sur ce point, il y avait chez eux un tel accent de sincérité que le doute n'était guère possible....... Quelques incidents venaient d'ailleurs, de temps en temps, jeter la lumière dans ces pénibles débats.

Une jeune fille déposait qu'elle avait entendu un de mes accusateurs dire à sa mère : « Ne crie donc pas si fort ; si on nous entendait, on verrait bien que nous sommes de faux témoins ». La mère, tout naturellement, nia le propos. Mais la jeune fille lui fit un tableau si fidèle de ce qui s'était passé, ce soir-là, que la vieille femme ne put retenir cette exclamation : « *Ound'érés, bieillo lèbré?* — Où étais-tu donc, vieux lièvre ! » L'hilarité fut générale.

Une autre jeune fille, presque une enfant, de 14 à 15 ans, s'exprima de la sorte : « Un soir, à huit heures, mon maître m'envoya porter une lettre à la poste. En passant sous le jardin de M. de T..., j'entendis qu'on parlait de M. le curé... Alors je m'arrêtai ». Interruption du Président : « Cela vous intéressait donc beaucoup ? Vous connaissiez M. le curé ? » — « Non, M. le Président, je ne connaissais pas M. le curé et M. le curé ne me connaît pas ; je ne suis louée à Bretenoux que depuis le 3 février ». — « Continuez ». — « Alors j'entendis M. X. qui disait : On dit qu'il sera acquitté ; et M. Y. ajouta : Nous n'en avons pas assez dit, il faudra en dire le double à Cahors, et M. Z. dit à son tour : Il faudra bien qu'il en attrape au moins pour cinq ans ! » M. le Président l'interrompt de nouveau : « Vous connaissiez donc déjà tout le monde à Bretenoux ? Vous n'y étiez que depuis le 3 février et vous saviez les noms de ces jeunes gens ! » — « Oh ! M. le Président, je ne connais pas encore tout le monde, mais ceux-là, je pouvais bien les connaître, car, dans la journée, quand ils passaient dans la rue, tout le monde les montrait du doigt ! » — « Mais, à cette saison, il est nuit à huit heures du soir ; vous ne pouviez pas les voir ! » — « C'est vrai qu'il était nuit, mais ils ont fait partir une allumette, et ils ont tous allumé leur cigarette ; j'ai vu les trois figures autour de l'allumette qui flambait. »

Tout le monde sentait que cette enfant ne mentait pas. Les trois jeunes gens furent appelés ; ils nièrent avec force serments.

« Eh bien ! ajouta le témoin, vous en avez du toupet

Ce n'est pas vrai, dites, que vous étiez là ? que même il m'a fallu passer devant vous pour aller à la poste, et vous m'avez vue, et, le lendemain, ce n'est pas vrai, M. X., que vous m'avez poursuivie dans la rue en me tendant le poing et que vous m'avez dit : Tu nous as entendus, hier au soir ; si tu répètes un mot de ce que nous avons dit, je te casse la figure. Dites encore que cela n'est pas vrai ? »

Les malheureux avaient beau nier ; un pareil témoignage les mettait en mauvaise posture.

Deux autres témoins vinrent affirmer que, le 15 août dernier, ils avaient entendu, sur le pont de Bretenoux, un monsieur qui disait à un facteur des postes : « Ah ! il ne veut pas partir, le curé ! eh bien, nous le ferons enfermer, et nous serons tranquilles pour faire nos élections ».

Le propos était grave ; le monsieur qui l'avait tenu et le facteur furent mandés par dépêche. Avant même que le Président eût achevé de formuler sa question, le monsieur opposait un démenti formel. Le facteur se contenta de répondre : « Je ne me souviens pas bien... depuis le quinze août... cela pourrait être.... je ne me souviens pas !... »

Manifestement, cet homme avait peur pour dire toute la vérité, mais il ne savait ou ne voulait pas mentir....

De pareilles dépositions exaspéraient visiblement M. l'avocat général.

« Mais pourquoi, s'écriait-il, ne signalait-on pas tous ces faits à l'instruction ?.... On aurait épargné à l'accusé la prison préventive... il aurait bénéficié d'une ordonnance de non-lieu, nous ne serions pas ici tout à l'heure ! » — « Oui, répondait Me Désarnaut, on aurait demandé un supplément d'enquête.., l'affaire eût été renvoyée aux assises de juin et nous aurions eu trois mois de plus de prison préventive ! — « Ce supplément d'enquête, je puis le demander encore, tonna l'avocat général; oui, je vais demander le renvoi à la session de juin !.... »

J'eus un moment d'indicible angoisse... Trois mois encore de cette vie de prison !... quel martyre !...

Me Désarnaut prit l'offensive : « Mais des faits de ce genre ont été signalés à M. le Juge d'Instruction; M. le curé de St-S.... lui avait écrit l'émouvante déposition que vous venez d'entendre... qu'a-t-on fait de cette lettre ? Elle n'est pas au dossier !.... »

Elle n'y était pas, en effet, et on n'en avait tenu aucun compte !

Décidément, cette seconde journée était mauvaise pour l'accusation. M. l'avocat général exhalait bruyamment son indignation : « Mais alors, il y aurait là onze faux témoins !!! — « Oui, ripostait Me Désarnaut, onze faux témoins.... ou soixante !... Onze A...., ou soixante braves gens !! Regardez-les donc !..., »

Il y eut, ce jour-là, deux audiences : une de neuf heures à midi, l'autre de deux à sept heures. L'impression devait être pénible pour tout le monde.... Elle le fut surtout pour moi !

J'avais le cœur brisé en voyant des jeunes gens, auxquels j'avais essayé d'inspirer de tout autres sentiments, faire si bon marché de la vérité, et je me demandais quel mal j'avais bien pu leur faire pour légitimer l'acharnement qu'ils mettaient à me poursuivre.

Ah ! non, ce n'était pas moi qui les avais flétris; mais la flétrissure n'en existait pas moins et elle s'étalait dans toute sa laideur !

Quand je rentrai le soir à la prison, j'étais brisé de fatigue physique et morale.... L'audience du lendemain était pour onze heures; j'implorai de mon gardien la grâce de me laisser reposer et de ne pas venir m'éveiller dès six heures... Il voulut bien se rendre à mes instances; il ne vint que vers neuf heures et me trouva encore profondément endormi.

Il n'y avait plus de doute, cette fois; ce serait bien la dernière journée; mon horrible épreuve touchait à sa fin.

Je refis mon paquet comme l'avant-veille, bien persuadé que je ne rentrerais dans cette cellule que pour l'emporter à la hâte.... et j'attendis en priant l'heure du départ.

La foule, autour du Palais de Justice, était bien plus considérable que les jours précédents. L'affaire de Bretenoux, qui n'en finissait pas, passionnait au plus haut point la ville entière. Un courant de sympathie pour l'accusé s'était établi, puissant, irrésistible; on se détournait avec dégoût sur le passage de mes accusateurs que le maire traînait après lui comme une couvée de malheur, et on se découvrait respectueusement devant moi.

La salle des assises était hermétiquement close; je dus attendre quelques minutes, dans les couloirs, qu'on vint m'en ouvrir la porte. Les braves gendarmes eurent bien du mal pour me soustraire aux témoignages de sympathie qui me venaient de tous les côtés, pour écarter les mains qui se tendaient vers moi; je les y aidai de mon mieux en évitant de répondre aux avances qui m'étaient faites.

A peine eus-je repris ma place au banc des accusés que la salle fut remplie comme aux plus grands jours.

Chacun voulait entendre le Réquisitoire et la Plaidoirie.

L'accusateur public se leva.

Quelles étaient, au fond, les pensées de cet homme?.... Etait-il possible qu'il n'eût pas vu, comme tout le monde, la trame infernale dans laquelle on avait voulu m'envelopper?... Avec son expérience déjà longue des habitués de la Cour d'assises, n'avait-il donc pas su lire sur ma physionomie, ou me prenait-il pour un de ces criminels de haut vol qui savent couvrir du masque de l'innocence la perversité la plus raffinée?.... Ses yeux étaient-ils si obstinément fermés que l'acharnement même de mes accusateurs n'eût soulevé pour lui un coin du voile qui recouvrait le mystère d'iniquité ?

Quelle que fût sa bonne volonté de me croire et peut-être même de me vouloir coupable, je reste persuadé qu'il est trop intelligent pour n'avoir pas tout compris..... Mais il s'agissait d'un prêtre.... — C'est un si bon morceau, par le temps qui court !... Il avait reçu l'ordre de venir d'Agen, tout exprès, lui, avocat général, l'homme des grandes causes... Sa présence seule était un témoignage du prix qu'on attachait en haut lieu à ma condamnation...... Quel scandale, s'il allait renoncer à l'accusation ! Quels cris de rage, quelles insinuations perfides dans tous les journaux de la secte !...

Il eût fallu de l'héroïsme pour affronter une pareille tempête.... M. l'avocat général ne s'y crut pas tenu..... Il entreprit sa tâche avec un talent digne d'une meilleure cause.

En dehors des accusations déjà connues et qu'il sut exploiter pour le mieux, le dossier qu'il avait en main contre moi n'était pas riche. M. le commissaire de police de Figeac y avait pourtant mis de la bonne volonté

Il avait envoyé un rapport d'après lequel je ne serais entré au séminaire qu'à vingt ans, après une jeunesse assez orageuse et seulement pour échapper au service militaire.... On voit tout de suite le parti qu'un accusateur public rompu au métier aurait pu tirer de pareils faits.

Je serais bien curieux de savoir auprès de qui M. le Commissaire de Police avait pris ses renseignements... Manifestement, on m'avait pris pour un autre; il y avait erreur. Je n'avais fait au collège de Figeac que mes deux premières années de latin; j'étais entré au petit séminaire à treize ans...; c'était à l'ombre du sanctuaire et non dans les bouges du chef-lieu d'arrondissement que s'était écoulée ma jeunesse.

Il fallut renoncer à l'exorde à sensation. M. l'avocat général le remplaça par un lieu commun, fort bien présenté d'ailleurs, sur le respect dû à l'enfant. Il rappela que les païens eux-mêmes en avaient compris la nécessité et cita les vers bien connus :

« *Maxima debetur puero reverentia... si quid*
Turpe paras, ne tu pueri contempseris annos ! »

« Le plus grand respect est dû à l'enfant; ne faites devant lui rien qui puisse ternir l'innocence de ses jeunes ans ! »

L'orateur commenta assez longuement cette belle maxime, trop oubliée, hélas ! aujourd'hui, par beaucoup de chrétiens. Il ne se doutait guère qu'il répétait un de mes sermons favoris ! Mes paroissiens qui l'écoutaient le savaient bien, et je voyais, dans leurs yeux, qu'ils s'en souvenaient.

Cette première partie du réquisitoire ne me fut point pénible; je l'aurais volontiers applaudie.

Il fut ensuite question du bruit fait autour de l'affaire, des passions qu'elle avait soulevées..... Il faut pourtant avouer que c'était assez naturel !... Enfin vint le détail des accusations......

Ces jeunes gens sont si affirmatifs.... Que faut-il de plus pour établir la culpabilité ?.... On insinue qu'il y a complot ?.... Mais qui donc aurait pu l'ourdir ?.... Oserait-on mettre en doute l'honorabilité de M. le Maire ? *Un homme honoré des suffrages de ses concitoyens !!!...* Comment, d'ailleurs, aurait-il pu organiser ce complot ? Quel intérêt ont ces jeunes gens à parler comme ils font ?... Qui donc aurait pu leur faire la leçon ?... L'un d'eux était à Paris depuis le mois d'août !!....

Il m'est relativement facile de résumer le réquisitoire, ayant sous la main les notes prises par Me Désarnaut pendant qu'il était prononcé. Comme on peut en juger, ce n'était pas fort. Si vraiment M. l'avocat général n'avait pas dans l'esprit la réponse à toutes ces questions, beaucoup de ses auditeurs auraient pu la lui donner. N'était-ce pas, d'ailleurs, déjà fait ?

De grands effets d'éloquence furent tirés de ce fait que l'un de mes accusateurs était à Paris depuis quelques mois. « On ne lui a pas fait la leçon à celui-là ! Il était à Paris ! Il était à Paris, vous dis je ! »

Si, comme M. le Maire le savait déjà, comme nous l'avons tous su depuis, M. Beaugrand avait su qui était allé à Paris, la semaine précédente, l'argument lui eût paru beaucoup moins péremptoire.

La péroraison fut terrible.... Après avoir déclaré qu'il lui était arrivé quelquefois, au cours de sa carrière, de renoncer à l'accusation devant l'innocence évidente de l'accusé, l'orateur ajoutait, de sa voix la plus éclatante : « Moi aussi, messieurs les Jurés, j'ai prêté serment, et, si je n'étais convaincu de la culpabilité de cet homme, je ne serais pas là pour requérir contre lui.... Oui, cet homme est coupable !.... »

L'accusateur public avait parlé un peu plus de deux heures et il terminait en demandant au Jury une condamnation qu'il lui laissait la liberté de mitiger par les circonstances atténuantes.

Des circonstances atténuantes pour un prêtre qui aurait flétri des enfants à la veille de leur première communion ! Non, il ne saurait y en avoir ! J'étais innocent ou coupable. Innocent, il fallait m'acquitter; mais coupable, il eût fallu m'appliquer toutes les rigueurs de la loi.

On m'avait bien recommandé de ne pas broncher pendant le réquisitoire... Il fallut donc entendre, sans une protestation, ce discours rempli d'insinuations perfides, habilement construit, mais, il faut bien le dire, prononcé sans conviction, malgré les éclats de voix et les phrases à grand effet.

Je reste persuadé que, dans les causes meilleures pour lui, l'éloquence de M. l'avocat général sait être autrement persuasive.

La faiblesse de ses arguments était si apparente, que je l'avais écouté presque avec indifférence, comme s'il se fût agi de tout autre accusé que moi. Quand je l'entendais répéter : « Oui, messieurs les jurés, cet homme est coupable », je regardais mon Christ et je pensais que, Lui aussi, avait été appelé dédaigneusement : « Cet homme ! » *Hominem hunc !*

L'audience fut suspendue un instant et reprise vers deux heures... Me Désarnaut allait prendre la parole.

La réputation de l'éminent avocat avait attiré au Palais l'élite de la société de Cahors et même des villes voisines. La salle était trop petite pour l'immense auditoire qui se pressait un peu partout... Il n'était plus question de huis clos... L'estrade réservée à la Cour était elle-même envahie; il n'y avait de place vide qu'au banc des accusés où je me prélassais toujours seul.

Pendant un peu plus de quatre heures, l'ardente parole du défenseur sut tenir en haleine la foule en très grande partie debout, sans qu'elle donnât le moindre signe d'impatience.

Combien je regrette de ne pouvoir reproduire ici quelques beaux morceaux de cette plaidoirie qui, de l'aveu de tous, fut un chef-d'œuvre de logique, de clarté, en même temps que d'élévation dans les pensées. Me Désarnaut ne l'avait pas écrite et il n'aurait pas pu l'écrire; quelques notes prises au vol, au cours des dépositions de mes accusateurs ou pendant le réquisitoire, lui fournirent le thème de cette discussion magistrale où la force du raisonnement le disputait à la richesse des expressions.

Après un hommage courtois rendu au talent de M. l'avocat général, l'incomparable ouvrier se mit à démolir pièces par pièces tous les arguments de l'accusation. Ce fut un corps à corps inénarrable avec chacun des accusateurs : les contradictions, les invraisemblances, les impossibilités que, jusque-là, les magistrats n'avaient pas voulu voir, apparurent en une si claire évidence, que les esprits les plus prévenus contre moi ne purent s'empêcher de dire : « On ne monte pas des coups pareils ! Non seulement c'est une infamie qui n'a pas de nom, mais c'est de plus une maladresse qui peut nous faire beaucoup de mal ».

Les malheureux jeunes gens qui triomphaient tout à l'heure, tandis que parlait l'accusateur public, se cachaient maintenant et se faisaient petits pour échapper aux regards méprisants de la foule.

L'avocat général avait dit : « Un complot !... Mais qui donc oserait-on accuser de l'avoir organisé ? » Impitoyable justicier, Me Désarnaut levait tous les voiles ; le guet-apens apparaissait avec son cortège d'ignominie... L'accusé, ce n'était plus moi ! les vrais criminels n'étaient pas au banc de l'infamie.... Ils tombaient comme une masse sous les coups de l'éminent avocat, ou, désertant la place, ils s'éclipsaient, blêmes de honte, incapables de supporter plus longtemps les révélations de sa parole vengeresse.

Que nous étions loin de l'indignation factice de M. l'avocat général ! La vérité a des accents irrésistibles auxquels un accusateur de commande ne pourra jamais s'élever, quels que soient d'ailleurs son talent et sa bonne volonté.

Les questions auxquelles ni mes témoins à décharge ni moi n'avions voulu répondre, les considérant comme un piège tendu à notre inexpérience, Me Désarnaut les reprit à son compte et il y répondit avec une lumineuse clarté. Quand il eût écrasé de son implacable logique les ouvriers d'iniquité, quand il eût mis à nu, devant l'immense auditoire frémissant d'horreur, les sentiments inavouables auxquels ils avaient obéi, on le vit se tourner victorieusement du côté de son contradicteur :

« Et maintenant, M. l'avocat général, que reste-t-il de votre argumentation ? Il n'en reste rien, rien, rien ! »

De cette voix qui résonnait comme un clairon d'attaque : « Je vous défie, lui disait il, d'opposer un démenti à mes affirmations ! Je vous défie de détruire les preuves que je viens de produire... Je vous défie... Je vous défie.... »

Mon Dieu ! j'étais tenté de trouver qu'il le défiait trop, tant je craignais, quelque bonne que fût ma cause, un retour offensif de ce terrible accusateur !

Sortant alors de la matérialité des faits, Me Désarnaut éleva les débats et, dans une improvisation splendide, sut atteindre les plus hauts sommets de l'éloquence humaine. Avec une émotion contenue, qui arracha des larmes à plus d'un auditeur, il traça le portrait de l'enfant à la veille de sa première communion. Il représenta le prêtre pénétré de respect devant ces jeunes âmes auxquelles, depuis des années, il ne parle que de la pureté dont elles devront se revêtir pour cette première rencontre avec leur Dieu... et dans une superbe envolée :

« C'est ce prêtre, disait-il, qu'on vient accuser de les avoir souillés à la veille même du grand jour ! Cette main qui, tout à l'heure, va se lever pour les absoudre et pour les bénir, cette main qui dans quelques heures leur distribuera le pain des anges, c'est elle qui leur aurait imprimé les premières flétrissures du vice ! Ah ! messieurs, peut-il être, pour un prêtre, une accusation plus pénible à entendre que celle-là !.... Un jour une femme, une reine, une mère comparaissait elle aussi devant un tribunal... de multiples accusations étaient portées contre elle... la femme se taisait, la reine gardait le silence... Mais quand un ignoble accusateur osa s'attaquer à la mère et mettre en cause son enfant, Marie-Antoinette fit entendre ce cri sublime : J'en appelle à toutes les mères !.... Ne vous semble-t-il pas, messieurs, entendre ce prêtre fidèle, que révoltent jusqu'aux profondeurs les plus intimes de son âme les accusations portées contre lui, s'écrier à son tour : J'en appelle à tous les prêtres ! »

Me Désarnaut s'était tû que l'auditoire vivement impressionné l'écoutait encore.

M. le Président demanda à l'accusateur public s'il avait quelques observations à présenter... Il est assez ordinaire que l'accusation réplique à la défense... il n'en fut rien cette fois. Même demande fut adressée à l'accusé.... Après la brillante plaidoirie qu'on venait d'entendre, qu'aurait-il pu ajouter encore ?....

L'audience fut suspendue... Il était six heures et un quart.

Le Jury entra dans la salle de ses délibérations et je fus conduit dans une chambre dont deux gendarmes gardèrent la porte, tandis que deux autres y entraient avec moi.

Il paraît — et c'est bien naturel — que le temps qui s'écoule dans cette chambre, pendant que messieurs les jurés délibèrent sur son sort, est ordinairement plein d'angoisse pour l'accusé. Les bons gendarmes, qui le savaient, cherchaient à me distraire.... Je voyais leur préoccupation et j'en étais touché plus que je ne saurais le dire. Mais je ne connus pas l'angoisse... ma pensée ne s'arrêta pas un instant à la possibilité d'une condamnation. J'attendais tout simplement la fin, persuadé qu'elle serait pour moi la délivrance.

Mais cette angoisse, d'autres, en ce moment suprême, la connaissaient pour moi. Quelques-uns de mes paroissiens, sous le coup d'une émotion impossible à décrire, n'eurent pas le courage de rester dans la salle d'audience.... Ils étaient sortis du Palais et erraient aux alentours, la gorge serrée, le cœur gros, attendant la nouvelle qu'ils désiraient et redoutaient à la fois. Aussi le temps leur parut très long... En réalité, le Jury ne resta pas plus d'une demi-heure en délibération. Je fus presque surpris quand l'ordre fut donné de me ramener devant la Cour.

Dans la solitude de ma prison, ainsi que je l'ai déjà dit, Dieu m'épargna la douloureuse émotion que n'aurait pas manqué de me donner la crainte d'une condamnation. C'eût été le sacrifice de ma vie, car je n'y aurais certainement pas survécu, et je gardai jusqu'à la fin la persuasion que ce sacrifice complet ne me serait pas demandé.

Mais je me disais quelquefois que, sur douze jurés, il y en aurait peut-être quelques uns... trois ou quatre... qui répondraient oui aux questions qui leur seraient posées et je sentais que mon cœur en recevrait une blessure qui ne se guérirait jamais.... Prosterné devant mon crucifix, je m'abîmais, le dimanche surtout, après ma communion, en une fervente supplication : — Mon Dieu, j'accepte la rude épreuve à laquelle il vous a plu de me soumettre, j'en subirai sans murmure toutes les humiliations, tous les mépris, toutes les misères ; mais, je vous en conjure, ne permettez pas que parmi les hommes à qui incombera la responsabilité de me juger, un seul se prononce contre moi ! Etre acquitté, mon Dieu, ce n'est pas assez : autant pour l'honneur de vos prêtres que pour le mien, il faut que je le sois à l'unanimité.

C'était encore ma seule préoccupation au moment où le verdict allait être rendu.

La mise en scène est solennelle... Quand j'entrai dans la salle, elle n'était pas vide, comme les autres fois : la Cour siégeait déjà et la foule attendait frémissante. M. le Président avait recommandé le plus grand calme et interdit toute manifestation.... Je vis tout de suite dans les yeux rayonnants de Me Désarnaut qu'il n'avait pas été déçu dans son attente et je devinai ainsi mon acquittement avant qu'il fût solennellement prononcé.

Le greffier donna lecture du verdict et le Président de la Cour prononça la formule consacrée : « Vous pouvez vous retirer, vous êtes libre ! »

Un journal ami a raconté qu'à ce moment j'avais versé quelques larmes... c'est une erreur. Quelqu'un qui m'avait observé très attentivement me disait un peu plus tard : « L'acquittement n'a pas eu l'air de vous surprendre... Vous avez mis tranquillement votre chapeau sous le bras, et vous êtes parti comme si vous sortiez de vêpres. » Effectivement, j'avais l'impression de sortir d'un office qui aurait été un peu long.

On m'a reproché de ne m'être pas incliné vers messieurs les jurés en signe de reconnaissance. MM. les Jurés me pardonneront de n'avoir songé à remercier personne. Après avoir subi quarante cinq jours d'emprisonnement, alors que je savais n'avoir rien fait pour le mériter, ils n'auront pas de peine à comprendre que je n'aie éprouvé aucun besoin de dire : Merci !

Ils ont fait leur devoir... Par le temps qui court, ce n'est pas aussi banal qu'on pourrait le croire. Ils méritent bien que je leur adresse, non pas des remerciements, mais l'hommage respectueux de l'estime qu'on accorde toujours avec bonheur à des hommes honnêtes et loyaux, à quelque parti qu'ils appartiennent.

Au sortir du banc des accusés, des amis étaient là qui me tendaient les bras.... L'un d'eux m'assure qu'en répondant à son étreinte, je m'écriai : « Ils ne m'ont pas sali ! » J'étais heureux, en effet, non pas tant de mon acquittement — que je savais déjà avoir obtenu à l'unanimité si longtemps désirée, — que d'avoir échappé à l'odieux guet-apens, sans qu'une éclaboussure de boue eût rejailli sur ma robe de prêtre !

Ignorant des usages, je reprenais, pour sortir, le couloir par lequel, durant ces trois jours, j'étais entré dans le Palais de Justice. Hélas ! ceux qui repassent par là, après le verdict, s'en vont accablés sous le poids d'une condamnation ! Dieu veuille qu'il n'y passe jamais un innocent !

Un bon gendarme me fit rebrousser chemin : « Monsieur le curé, me dit-il, — on ne m'appelait plus accusé ! — quand on est acquitté, on sort par la grande porte ! »

Une foule immense se pressait autour du Tribunal ; ce fut au milieu des témoignages de la plus vive sympathie que je revins à la prison.... J'étais surpris d'une manifestation si grandiose et si unanime : « C'est bien étonnant, dis-je à l'abbé Magne qui ne m'avait pas quitté, que personne ne siffle ! » Juste à ce moment-là, trois ou quatre coups de sifflet retentissants se firent entendre dans le lointain.

« Vous voilà servi, me dit-il, il ne vous manque rien maintenant ! »

Les coups de sifflet me venaient de quelques typos d'un journal sectaire qui exhalaient ainsi leur rage de voir leur échapper la victime dont ils n'avaient pas su respecter le malheur.

Je revis ma cellule et emportai, en toute hâte, le paquet préparé depuis le matin. Dans le bureau du gardien-chef, les dernières formalités me retinrent quelques instants.

La physionomie de mes geôliers me paraissait transformée : le gardien-chef avait un bon sourire, et l'autre ne semblait pas trop contrarié de l'événement ; pour lui aussi c'était une délivrance, car il était presque autant mon prisonnier que j'étais le sien. Nous nous quittâmes en bon termes et je serais désolé qu'il m'en voulût pour l'avoir un peu taquiné... J'ai vu chez lui le germe d'excellentes qualités qui ne demandent qu'à se développer, dès qu'il lui plaira de n'y pas mettre obstacle.

Libre, enfin ! je franchis le seuil de cette prison de Cahors où je venais de passer dix jours, le lecteur sait maintenant dans quelles conditions.

Le vénérable Curé de St-Barthélémy, dont je suis le successeur à Bretenoux, malgré sa demi-cécité, était accouru au devant de moi... Il me prit dans ses bras et m'y retint quelques instants avec des larmes et des sanglots. La foule battit des mains et cria : Bravo !

Au milieu de l'enthousiasme général, que j'avais de la peine à comprendre, je me sentais très calme. Je ne savais pas encore toute l'étendue du danger que j'avais couru.... Je ne l'ai compris que plus tard, à mesure que m'ont été révélés des mystères d'iniquité que je n'ai pas à dévoiler ici... Les consciences honnêtes avaient tout deviné... elles étaient d'autant plus enthousiastes qu'elles avaient redouté davantage le triomphe du mensonge et de l'impiété.

Pendant quarante-cinq jours, j'avais vécu séparé du monde et pas du tout au courant de ce qui s'y passait. La première nouvelle que j'en eus me fut le sujet d'une grande tristesse.... M. le Curé de La Bastide-Murat, en sa qualité d'enfant de Bretenoux, avait tenu à être des premiers à me saluer après ma libération. Je m'aperçus tout de suite qu'il avait l'âme en deuil et lui en ayant demandé la raison, il m'annonça la mort de M. le Comte Murat dont les obsèques avaient eu lieu le matin même.

J'avais connu cette âme si grande et si simple à la fois : appelé, en diverses circonstances, à exercer mon ministère à La Bastide, j'avais pu apprécier la loyauté de son caractère, la générosité de son cœur, la noblesse et l'élévation de ses sentiments. Le noble comte avait daigné garder le souvenir de l'humble missionnaire, et après vingt ans écoulés, il savait me le témoigner à l'occasion.

Au milieu des émotions de cette soirée, je fus vivement impressionné par la disparition de cet homme qui, par la dignité de toute sa vie, imposa le respect même à ses adversaires et dont le souvenir restera comme celui d'une des plus grandes, sinon la plus grande figure de notre pays, en ces derniers temps. Combien je fus touché plus tard en apprenant la vive sollicitude avec laquelle l'auguste malade avait suivi toutes les phases de mon martyre. Puisse-t-il, comme j'en ai la confiance, en avoir appris au ciel l'heureux dénouement.

Une délicate attention de l'abbé Magne me procura le plaisir de prendre le repas du soir en compagnie de Me Désarnaut et de quelques amis. Le journal *La Défense* assure que je les charmai tous par le récit humoristique de mes jours de prison. « Son avocat n'en revenait pas de le voir si calme, si tranquille, si souriant, si plein de mansuétude pour ses ennemis après une si terrible épreuve, et il nous a avoué qu'il n'avait pas encore rencontré pareil client ».

Je me sentais heureux, en effet, non pas d'un acquittement qui me paraissait fort naturel, mais de me trouver en une société amie ; il y avait si longtemps que je n'avais goûté pareille douceur !

La maison hospitalière fut envahie, toute la soirée,

par de braves gens désireux de me témoigner leur sympathie. M. l'Archiprêtre de la Cathédrale avait voulu que je vinsse passer sous son toit ma première nuit de liberté; il était bien près de minuit quand je pus arriver à son presbytère... Là encore des groupes nombreux m'attendaient pour me serrer la main. Dans le salon, une délégation de mes paroissiens me supplia de ne pas rester à Cahors le lendemain, comme ils craignaient que ce fût déjà convenu, mais de rentrer avec eux à Bretenoux : « Nous avons promis de vous ramener, me disaient-ils, il faut bien que nous tenions notre parole ». M. Trassy me parla de mon père.... Personne encore ne m'en avait dit mot, et, y pensant toujours, je n'avais pas osé interroger... J'avais une peur vague qu'il n'eût pu résister à une si terrible épreuve et qu'on m'eût caché sa mort.... Lorsque M. Trassy, de sa voix la plus naturelle, me parla de lui et de l'impatience où il devait être de me voir, je sentis mon cœur allégé d'un grand poids... Le départ fut décidé pour le lendemain matin, à neuf heures.

Quand je me trouvai enfin seul dans la chambre que M. l'archipêtre avait mise à ma disposition et qui ne ressemblait en rien à la misérable cellule de la prison, mon premier mouvement fut de tomber à genoux et de mon cœur s'éleva une hymne d'action de grâces vers Celui qui, pendant toute la durée de l'épreuve, avait si sensiblement veillé sur moi.

Cette soirée du 16 mars 1904 fut aussi bien émotionnante à Bretenoux. Une centaine de mes bons paroissiens étaient venus à Cahors ou pour me défendre, ou pour m'apporter le réconfort que leur seule présence, ils le savaient bien, ne manquerait pas de me donner.

Mais les autres... ceux qui n'avaient pas pu venir...

ils attendaient avec anxiété la fin de ces interminables débats. Les bruits les plus contradictoires circulaient dans les rues. Quelques témoins supplémentaires avaient été mandés par dépêches.... les commentaires allaient bon train.

Les braves gens sont, de leur nature, timides et silencieux. Les autres, au contraire, aiment le bruit.... Escomptant d'avance une condamnation pour laquelle ils avaient tout sacrifié, ils ne cachaient pas leurs espérances et terrifiaient les âmes honnêtes par l'assurance de leurs affirmations. Le mardi soir, l'inquiétude allait augmentant.... Il fallait donc si longtemps que cela pour juger une affaire qui paraissait si simple au plus grand nombre !....

La journée du mercredi fut pour tous les cœurs bien placés une journée d'indicible angoisse.... Quelques lettres avaient annoncé que la fin était proche et que, vers six heures du soir, le télégraphe apporterait la nouvelle. Dès cinq heures, on se rassemblait autour du bureau de poste ; de rudes travailleurs des champs étaient venus des paroisses voisines, impatients du résultat final.

Six heures ! pas de nouvelles.... six heures et demie ! rien encore..... Ce retard paraissait de mauvais augure... Les plus timides rentraient en pleurant dans leurs demeures, se demandant, anxieux, s'il était possible que Dieu permît le triomphe complet de l'iniquité !....

Dans une maison que je ne veux pas nommer, une femme s'était lamentée au cours de cette journée : « Que deviendrons nous s'il n'est pas condamné !... » Et un voisin complaisant de répondre : « Soyez tranquille, madame ; songez donc, avec de telles accusations, il est impossible qu'il soit acquitté !.... » Ce n'était là qu'une exception !

Sept heures moins dix.... on appelle au télégraphe.... enfin ! L'émotion est à son comble !... C'est une dépêche pour mon père... l'espérance renaît... ce n'est pas à lui qu'on enverrait une mauvaise nouvelle... la foule se précipite à la suite de la porteuse qui va au presbytère.... Mais voici encore d'autres dépêches... Acquitté ! Acquitté ! Acquitté !!

Et alors ce furent des scènes indescriptibles.... on se jetait dans les bras les uns des autres... on pleurait et on riait à la fois ; des hommes partaient dans toutes les directions pour annoncer la bonne nouvelle ; on la criait à tous les échos de la plaine et, sur le sommet des collines, des voix joyeuses la répétaient pour les hameaux voisins.... De mémoire d'homme, on n'avait vu à Bretenoux pareille jubilation !

Cependant quelques rares maisons fermèrent soigneusement leurs portes et leurs fenêtres... Etait-ce pour ne pas entendre les éclats de la joie universelle ou par peur de terribles représailles ? Dans ce dernier cas, ces gens-là s'effrayaient bien inutilement. Tout entiers à la joie de la nouvelle qu'ils avaient tant souhaitée, les braves gens ne songeaient à menacer personne... l'ordre ne risquait pas d'être troublé. Oh ! si j'avais été condamné, les choses se seraient autrement passées. Une poignée de voyous n'auraient pas manqué de terroriser la ville entière et les injures auraient abondé à l'adresse de ceux qui se seraient apitoyés sur mon malheureux sort.

Le lendemain, au point du jour, avant que le maire fût arrivé pour l'interdire, un joyeux carillon annonçait à toute la contrée que le deuil de la paroisse de Bretenoux était fini.

J'avais beaucoup souffert...... Du 31 janvier au 2 février, j'avais épuisé la coupe des douleurs humaines. Mes paroissiens avaient souffert plus longtemps que moi ; leur angoisse, moins intense que la mienne, avait duré quarante-cinq jours. Que de larmes ils avaient versées! que de prières ils avaient faites! que de dévouement ils avaient déployé! que d'héroïques sacrifices ils avaient volontairement acceptés!

Un homme du monde, qui m'honore de son amitié, m'écrivait à la prison de Figeac : « Je viens de Bretenoux où je suis allé porter à votre vieux père le témoignage de ma sympathie. En passant sur le pont, j'ai entendu une femme en deuil qui disait : J'aimais bien mon enfant, mais je préfère l'avoir perdu que de le voir aujourd'hui au nombre des accusateurs de M. le curé ! » Et l'auteur de la lettre ajoutait : « J'ai pensé à la mère de St-Louis ! »

La souffrance est féconde.... Toutes ces larmes, tous ces sacrifices porteront leurs fruits : Dieu les fera retomber sur la chère paroisse en abondantes bénédictions.

CHAPITRE XVIII

TROISIÈME VOYAGE : LE RETOUR

Je ne dormis pas longtemps cette nuit-là.... Aux premières lueurs de l'aube je quittai doucement ma chambre. Je voulais que ma première visite fût pour la chapelle du Grand Séminaire où j'avais reçu l'onction sacerdotale.

Dans la fraîcheur de ce matin de printemps, je me sentais grisé de grand air et de liberté ! Il me semblait qu'une vie nouvelle commençait pour moi. Etait-il bien vrai que j'allais seul et que ni gardiens ni gendarmes n'épiaient mes démarches? Comme on jouit mieux de la liberté quand on a connu la servitude!

Je n'avais pas pris le chemin le plus court; la communauté assistait à la messe quand j'arrivai au Grand Séminaire; au moment où j'allais toucher à la porte de la chapelle, la clochette m'annonça l'élévation. Pour ne pas troubler le recueillement de ce moment toujours solennel, je m'agenouillai sur le seuil, et je n'ouvris qu'après le dernier tintement. A l'instant précis où je pénétrai dans la chapelle, les séminaristes, qui ne m'attendaient pourtant pas, entonnaient le *Te Deum*. Je soupçonnai tout de suite que ce chant de reconnaissance était un peu à mon intention, et, vivement ému, je m'y unis de mon mieux.

Un peu plus tard, dans l'Eglise de St-Barthélémy, je montai à l'autel pour y célébrer la Sainte Messe. Les jeunes élèves de la maison des Dames de Gramat voulurent y chanter de joyeux cantiques; mais de mon cœur s'en élevait un autre plus joyeux encore.... Il y avait si longtemps que j'étais privé du bonheur de m'approcher de l'autel pour y exercer la grande fonction sacerdotale!

Avec quelle émotion je redis ces paroles: *Introïbo ad altare Dei*... Je monterai à l'autel de mon Dieu, du Dieu qui fut la joie de ma jeunesse.—*Judica me, Deus, et discerne causam meam de gente non sanctâ*.... Vous m'avez jugé, ô mon Dieu, et vous avez discerné ma cause de celle de vos ennemis. *Emitte lucem tuam*.... Donnez-moi maintenant votre lumière pour aimer la vérité et me tenir toujours sur votre sainte montagne et près de vos tabernacles.....

Tout cela me paraissait nouveau... Je sentais mon

âme inondée d'une indicible joie, sans aucun mélange de tristesse ou d'attendrissement; il n'y eut pas encore de larmes dans mes yeux.

Vers neuf heures, je retrouvai à la gare le groupe de mes paroissiens qui m'y attendaient radieux. Ces braves gens avaient fait l'admiration de la ville de Cahors par la dignité de leur attitude et l'intensité de leur dévouement.... Ils avaient ainsi sauvé l'honneur de la paroisse de Bretenoux, si gravement compromis par le cynisme de mes accusateurs.

Conscients d'avoir accompli un grand devoir, heureux, au-delà de toute expression, d'avoir réussi à faire triompher la justice et la vérité, ils laissaient éclater leur joie, et ce jour comptera, j'en suis sûr, comme un des plus beaux jours de leur vie.

Ce dernier voyage ne ressembla guère aux deux autres.... Plus de gendarmes, plus de chaînes, plus de contrainte.... Autour de moi, ce n'étaient que figures joyeuses... Je n'étais entouré que d'âmes avides de connaître les moindres détails de ma vie depuis que j'avais été si brutalement séparé d'elles.

Le train filait à toute vapeur.... A mesure que nous approchions de Bretenoux, je sentais mon cœur battre plus vite.... Dès Gourdon, quelques mains s'étaient tendues vers moi; à Martel, on me saluait au passage; on montait dans le train pour nous suivre. A partir de St-Denis, ce fut une vraie marche triomphale.

Voici en quels termes *la Croix du Lot* a rendu compte de cette mémorable journée :

« La journée du 17 mars 1904 comptera dans les fastes « de la petite ville de Bretenoux.

« Bien avant midi, on voyait arriver de partout des « gens en habits de fête. Le bonheur éclatait sur tous les

« visages. On se saluait au passage, on se souriait sans « se connaître, on s'interpellait :

« — Eh bien, ça va mieux que le 31 ?

« — Ah ! ça, oui !... répondait-on avec une joyeuse « conviction.

« Et l'interminable ruban s'allongeait vers la gare, « toujours plus compact, toujours ininterrompu.

« Défense de passer sur le quai... Trois cents per- « sonnes au moins prirent des billets pour le Port de « Gagnac. Jamais ce petit trou n'avait eu tant de vogue. « Le chef de gare riait comme un bossu... Tête de brave « homme...

« A deux heures, quatre mille personnes venues des « communes les plus lointaines du canton, de Saint- « Céré, de Vayrac, de Beaulieu, remplissaient la cour « de la station, les allées voisines, escaladaient les dili- « gences et formaient sur les platanes de lourdes grap- « pes humaines.

« Et quelle joie épandue sur les fronts ! Mais aussi « quelle impatience de voir poindre à l'horizon le train « béni qui nous ramène le cher prisonnier !...

« — Enfin, le voilà ! il s'approche rapidement ; à tous « les vasistas, les mains se tendent en des gestes de « triomphe, les mouchoirs s'agitent ; les portières s'ou- « vrent. Voici M. Dolrieu dans nos bras.

« Oh ! les chaudes accolades qu'il reçoit ! Ses parois- « siens se précipitent sur lui avec une furie véritable ; « ils se l'arrachent, le reprennent, pleurent, rient, et « ne peuvent se lasser de voir ce cher curé qu'on vou- « lait leur ravir.

« Pas de cris ! Un ukase de Boyer les interdit sur le « territoire de la commune, et il avait expédié de nom- « breux gendarmes pour les réprimer. Nous avons vu « là le brigadier de Bretenoux...... Il semblait avoir « avalé tous les procès-verbaux du 31 janvier.

« Il y avait encore le pandore étonnant, vous savez, « le gendarme au revolver, qui, dans la suite, nia si

« bellement l'avoir sorti de sa gaîne, en même temps
« qu'il faisait condamner la courageuse femme qui le
« lui avait tiré des mains !

« Sous prétexte d'assurer le bon ordre, et en réalité,
« pour entraver toute manifestation, la gendarmerie
« voudrait faire monter M. Delrieu en voiture et l'ex
« pédier vers Bretenoux à grande vitesse. De cette
« façon, il eût distancé le cortège et on l'aurait séparé
« de ses amis.

« Mais M. Delrieu fait remarquer en souriant, à ces
« guerriers trop diplomates, qu'il n'est plus leur prison-
« nier et refuse énergiquement le véhicule qu'ils lui
« offraient.

« Après une longue attente, le cortège s'ébranle et
« marche vers Bretenoux. M. Delrieu est au premier
« rang, entouré de M. le Doyen de St-Céré, de M. l'abbé
« Magne et de tous les confrères qui purent apprendre
« à temps l'heure de son retour.

« La tête de la colonne atteint le pont suspendu. Sous
« prétexte d'épargner à sa solidité relative un poids
« trop lourd, les gendarmes le barrent et ne laissent
« passer les manifestants que par groupes d'une ving-
« taine.....

« M. Boyer avait eu le toupet de prendre un arrêté
« par lequel il interdisait sur la voie publique toute
« manifestation « contre les autorités constituées »....
« et défendait de sonner les cloches !!

« Or, malgré l'arrêté, des carillons éperdus se fai-
« saient entendre. Un émissaire du magistrat municipal
« voulut faire à ce sujet quelques observations à M. Del-
« rieu. — Allez dire à qui vous envoie, répliqua celui-
« ci, que je suis curé de Bretenoux et que je vais tenir,
« tout à l'heure, ma première réunion de carême...... »

Quand le train avait stoppé, en gare de Bretenoux, j'avais vu, tout d'abord, mon vieux père qu'un groupe d'amis soutenaient. Le bon vieillard avait voulu venir au devant de son fils.... il n'avait pas prévu qu'il y serait en si nombreuse compagnie. La joie qui maintenant faisait battre son cœur contre lequel il me pressait épuisait ses forces... il me parut tout aussi pâle et plus défaillant que le soir de mon arrestation.... Ce fut lui qui profita de la voiture sur laquelle je serais monté tout simplement, si le brigadier ne m'en avait brutalement intimé l'ordre.

J'étais d'autant plus étonné de trouver tant de monde à la gare que mon arrivée avait été annoncée d'abord pour le lendemain ; ce n'était que la veille, un peu avant minuit, que, sur les instances de mes paroissiens, le départ immédiat avait été décidé.

Mon étonnement s'accrut encore en y voyant huit gendarmes à cheval dont la présence donnait à mon arrivée un caractère de solennité officielle que j'étais loin d'avoir désirée. La brigade de Gramat, mandée sans doute par dépêche, arriva un peu plus tard ; décidément on voulait me faire beaucoup d'honneur.

Le Maire ne s'était pas attardé à Cahors.... Il avait pris un train de nuit et, vers six heures du matin, on le vit rentrer en compagnie du pharmacien Masfrand.... et de deux gendarmes.

La frousse de cet homme devait être intense pour l'avoir porté à provoquer ce déploiement de la force publique, sous prétexte de réprimer une manifestation qui ne pouvait être que pacifique. Les braves gens qui venaient au devant de moi n'avaient d'autre but que de m'apporter un témoignage de leur respect et de leur estime; ils avaient pensé avec raison que je ne pourrais qu'y être sensible, après les ignominieuses accusations dont on avait essayé de me couvrir.

Si quelque chose eût été capable d'amener des troubles, c'était bien l'arrêté ridicule qui, dès le matin, fut publié au son du tambour municipal et affiché aux bons endroits. Il interdisait les cris de toute nature, l'exhibition d'emblèmes religieux, de gerbes de fleurs, de bouquets,...la sonnerie des cloches et les attroupements sur la voie publique !

Nos populations ont si peu conscience de leur droits et tellement l'instinct de la soumission qu'elles se crurent obligées d'obéir à ces prescriptions illégales. Après l'unique acclamation qui s'échappa de toutes les poitrines à ma descente du train, pas un cri ne fut proféré. L'homme qui s'esclaffe de jubilation quand il entend hurler : A bas les calottins ! avait défendu de crier : Vive M. le curé ! et plusieurs milliers de citoyens français, venus tout exprès pour m'acclamer, n'osèrent enfreindre cette prohibition draconienne ! Oh ! les braves gens.

M. Boyer avait perdu son temps en défendant l'exhibition d'emblèmes religieux ; personne n'avait songé à venir à la gare en procession.... Mais de quel droit défendait-il de porter des fleurs ? Dans ce fait qu'il a pu seulement en avoir l'idée, le lecteur verra quelle doit être la mentalité de cet homme et avec quelle désinvolture il sait fouler aux pieds la liberté des autres.

Un gracieux petit garçon se hasarda cependant à passer par-dessus l'arrêté municipal et m'offrit un modeste bouquet de violettes ; on ne le mit pas en prison et le bouquet ne me fut pas enlevé.

Quand j'arrivai devant l'église, entouré seulement d'une vingtaine de personnes, car la foule était maintenue, par ordre, au-delà du pont et y fut retenue plus d'un quart d'heure, les portes en étaient grandement ouvertes et tous les autels ruisselaient de lumière.... mais les cloches demeuraient muettes. Je donnai moi-même l'ordre de les mettre en branle et je n'eus pas à le dire deux fois.

Le maire voulut savoir sous quel prétexte j'ordonnais cette sonnerie, mais il n'eut pas le courage de venir lui même me le demander. La raison n'était pas difficile à trouver : nous étions au jeudi de la quatrième semaine de Carême, il était temps d'en inaugurer les réunions.

Il fallut pourtant bien se décider à débloquer le pont.... Le maréchal des logis et les gendarmes de Saint-Céré s'y employèrent avec un tact parfait ; je suis heureux de leur en rendre le témoignage ; ils surent comprendre, eux du moins, qu'ils assistaient à une fête et non à une émeute ; on ne les vit opérer aucune manœuvre capable de changer le caractère tout pacifique de cette grandiose manifestation.

Pendant mes quarante-cinq jours de prison, j'ai fréquenté pas mal les gendarmes, soit à Cahors, soit à Figeac. Je les ai trouvés toujours parfaitement convenables, quelquefois même très délicats... Je dis à Figeac et à Cahors... je voudrais pouvoir dire aussi à Bretenoux..... Il est vrai que là, ils sont rudement menés, et s'ils manquaient de souplesse, on ne plaisanterait pas..... Nous avons connu des brigadiers qui en savent quelque chose. Oh ! la détestable tyrannie !

Ma pauvre église n'a point les vastes proportions qui eussent été nécessaires ce jour-là... On s'y entassa debout comme l'on put et, devant le T. S. Sacrement exposé, un *Te Deum* solennel retentit, après lequel toutes les têtes s'inclinèrent pendant qu'au dessus d'elles j'élevai, en un grand signe de bénédiction, le Dieu de l'Eucharistie.

« Mais voici que les chants s'éteignent dans l'église

« en fête ; la foule se répand sur le parvis et forme une
« haie compacte, le long de la voie qui mène au pres-
« bytère. M. le Curé s'avance ; son visage ne garde au-
« cune trace des angoisses passées, il ne reflète qu'une
« immense joie de la splendeur du retour et de la cor-
« dialité de l'accueil. Il rentre dans cette humble de-
« meure qu'il quitta dans les larmes, acclamé par tout
« un peuple, et dans ses paroles nous ne sentons percer
« aucune amertume contre les auteurs de son horrible
« épreuve (1) »

Oh ! non, je ne ressentais alors aucune amertume et je n'en ressens pas davantage aujourd'hui. Au premier geste de regret de la part de ceux qui ont voulu me faire tant de mal, je sens que les paroles de pardon monteraient d'elles-mêmes de mon cœur à mes lèvres.... Ce geste, hélas ! je l'attends encore et je l'attendrai sans doute longtemps.

Avec quelle émotion je rentrai dans mon pauvre presbytère que je trouvai envahi ! Jusqu'à onze heures du soir ce furent des allées et venues perpétuelles. Mes excellents paroissiens étaient impatients de me voir, de m'entendre, de se rendre compte par eux-mêmes que ma santé n'avait pas été trop ébranlée par l'épreuve : « Vous êtes le même, me disaient-ils dans leur ravissement, et pourtant vous avez dû tant souffrir ! »

Ces âmes bonnes et loyales avaient l'intuition de tout ce qu'il avait dû y avoir d'amertume dans le calice auquel je venais de boire à longs traits !

Depuis la lugubre soirée du 31 janvier j'avais éprouvé bien des émotions : l'angoisse des premiers jours, l'humiliation des interrogatoires, les dégoûts des confrontations, l'incertitude d'abord, puis la perspective de la Cour d'assises, les chaînes dont mes mains furent liées,

(1) *La Croix du Lot*, n° du 27 mars 1904.

les mille vexations de la vie de prison, tout cela agita mon cœur de sentiments bien divers.... mes yeux étaient toujours demeurés secs. Si quelquefois, en lisant une de ces lettres si touchantes qui m'arrivaient, j'avais senti mes paupières s'humecter un peu, jamais une larme ne roula sur ma joue : du 31 janvier au 17 mars, je n'avais pas pleuré ! On l'avait beaucoup fait pour moi, on le faisait encore, le soir de mon arrivée à Bretenoux.

Un grand nombre de mes paroissiens ne m'abordaient qu'en sanglotant, tandis que moi, le sourire aux lèvres, je les grondais avec affection : « Il n'y a plus de raison de pleurer, leur disais-je, l'épreuve est finie, je suis là, séchez donc vos larmes ».

Accablé de fatigue, pendant cette première nuit passée dans mon presbytère je reposai d'un sommeil profond. Vers quatre heures du matin, je m'éveillai.....

Je fus un instant à me rendre compte de l'endroit où je me trouvais..... Quand j'eus la certitude que j'étais bien dans ma chambre, quand je vis autour de moi les objets qui m'étaient familiers, mon cœur se dégonfla tout à coup, et les larmes montèrent abondantes à mes yeux.

Sans savoir pourquoi, je sanglotai comme un enfant. J'eus beaucoup de peine à dire la Sainte Messe. Mes paroissiens y étaient venus nombreux... l'émotion est contagieuse... j'entendais leurs sanglots qui répondaient aux miens.

La crise dura deux jours.... Jusqu'au samedi soir, je pleurai sans discontinuer.... Puis, je retrouvai mon calme, et le dimanche matin, aux deux messes, je fus assez maître de moi-même pour pouvoir dire à mes paroissiens toute ma joie de me retrouver au milieu d'eux, toute ma reconnaissance pour leur dévouement, et aussi les sentiments de pitié et de miséricorde dont je me sentais animé vis-à-vis des malheureux qui avaient voulu me perdre.

Je les suppliai de m'aider à effacer jusqu'aux dernières traces des impressions déplorables dont toutes les âmes avaient été souillées pendant ces horribles jours.

Je leur dis mon angoisse à la pensée que l'imagination des plus jeunes enfants avait été troublée par tout ce qui s'était dit en ces douloureuses circonstances.

Il y avait eu un grand scandale... et ce n'était pas moi qui l'avais donné! Sous prétexte de sauvegarder la morale publique, on lui avait porté le plus rude coup qui fût possible. Il nous restait le devoir de réparer tout cela par des prières plus ferventes, par une vie plus chrétienne.

Après les humiliations que j'avais dû subir, il m'arrivait maintenant de bien touchantes compensations. Dans la journée du vendredi, une trentaine de dépêches et trois cent quarante-neuf lettres m'apportaient l'expression de la joie que la nouvelle de mon acquittement avait causée partout.... En huit jours, le nombre des lettres s'éleva à près de deux mille cinq cents, et on a évalué à dix mille celui des visiteurs qui, pendant plus d'un mois, assiégèrent ma demeure.

L'affaire de Bretenoux avait eu un immense retentissement! Grâces à Dieu! le scandale n'a pas été tel que certains l'avaient désiré .... Ce n'est pas sur le prêtre qu'est retombée la boue sous laquelle on s'était flatté de l'ensevelir.

CONCLUSION

Le curé de Bretenoux a repris sa place au milieu de son cher troupeau. Dès le dimanche après son retour, la vie paroissiale, un instant interrompue, se ranima avec plus d'intensité que jamais.

Les émotions par lesquelles il venait de passer, les fatigues inévitables causées par les nombreuses visites qu'il dut recevoir ne lui permirent par de prêcher, en cette fin de carême, comme les années précédentes.... Dieu voulut bien y suppléer, et, le jour de Pâques, il eut la consolation de constater que, malgré l'abstention de ses accusateurs et de quelques autres que l'odieux guet-apens n'avait pas assez indignés, le nombre de ses paroissiens fidèles au devoir pascal n'était pas diminué.

L'épreuve qu'il vient de subir a été pour lui une pierre de touche qui lui a fait connaître la valeur des âmes. Les constatations qu'il a pu faire en cette circonstance lui ont donné beaucoup de joie, mais aussi quelque tristesse.

Le cœur humain est un abîme insondable dont Dieu seul peut comprendre le mystère !

Tel, que jusque là j'avais cru tiède et indifférent, peu accessible aux sentiments nobles et élevés, m'est apparu capable d'un dévouement à toute épreuve, exaspéré par l'injustice dont je venais d'être victime, animé de l'indignation la plus généreuse contre l'ignominie des pro cédés employés contre moi. Tel autre, au contraire, qui m'entourait, avant l'épreuve, de prévenances et de sourires, s'est montré froid et indifférent, quelquefois même hostile, quand j'ai pu échapper indemne aux pièges qui m'avaient été tendus.

Les âmes basses et viles, toujours prêtes à s'incliner devant les forts, ont cru évidemment, au lendemain de mon arrestation, que j'étais un vaincu dont la défaite était définitive; elles n'en ont manifesté aucune indignation, elles ont eu peur de perdre l'amitié et surtout probablement l'appui de mes persécuteurs, en montrant quelque sympathie pour leur victime....

Disons vite que, de ces âmes-là, il y en a bien peu, mais enfin, il s'en est trouvé quelques-unes, et mon retour, qu'elles avaient jugé impossible, les a visiblement gênées.

Il est des circonstances dans lesquelles il n'est plus permis d'être indifférent ; il faut prendre parti malgré soi.... C'est alors que les cœurs se dévoilent.... Les bons se retournent instinctivement du côté de l'honnêteté et de la justice, les mauvais n'osent point réprouver le crime et font cause commune avec les criminels. Il serait intéressant d'étudier les motifs qui les déterminent à se prononcer pour l'injustice et même pour le crime.... Le plus souvent, il y a quelque intérêt matériel en jeu ; toujours, c'est une conséquence de la perversion du sens moral.

Les grandes épreuves ont cet avantage de faire tomber les masques et de dévoiler toutes les hypocrisies !

On n'avait pas voulu ma présence à Bretenoux pour

les élections municipales.... c'est merveille que je n'aie par été retenu en prison préventive jusqu'aux assises de juin !

Les élections devaient avoir lieu le 1er mai; pas plus que par le passé, je ne sortis de la réserve qui m'est commandée par mon caractère de prêtre; mais cette fois, j'ai eu l'agréable surprise de constater qu'on ne m'a pas mis en cause et que, parmi les griefs invoqués contre cette élection, il n'a été parlé par personne d'ingérence cléricale.

Le maire, qui avait frappé un si grand coup, le 31 janvier, en préparait un autre pour le 4 février, dernier terme des inscriptions sur les listes électorales. Il en avait si bien conscience, que, redoutant l'indignation populaire, il s'était, pour cette soirée, assuré le concours de la brigade de gendarmerie de St-Céré.

Il ne s'agissait de rien moins que d'inscrire, au dernier moment, sur la liste électorale de Bretenoux, un nombre assez considérable d'étrangers, racolés dans les communes environnantes : ce fut une vraie mobilisation d'instituteurs, de cantonniers, d'anciens domestiques, sur le dévouement desquels on pouvait compter. Mais la mèche avait été éventée; les adversaires, se jugeant en état de légitime défense, ne se firent pas faute de recourir au même procédé. M. le maire dut inscrire un certain nombre d'excellents propriétaires qui, n'habitant pas Bretenoux, y ont cependant de sérieux intérêts à défendre et qui voulurent spontanément venir au secours de leurs amis. Ce fut pour notre magistrat une surprise plutôt désagréable : le second coup était raté, comme le premier ; il fallait trouver autre chose.

Bientôt on apprit qu'une vingtaine d'électeurs suspects avaient été rayés de la liste, tandis que sept ou huit autres y étaient maintenus, au mépris de tout droit. La question fut portée devant le Juge de Paix ! Celui ci, toujours complaisant, ratifia « sur le champ » toutes les décisions prises par la commission de recensement des listes. La Cour de cassation réforma plus tard les arrêts de M. le Juge de Paix ; mais on savait bien que ses jugements ne seraient rendus qu'après le 1er mai, et le tour serait joué.

Vingt voix environ étaient, de ce chef, enlevées à la liste d'opposition : ce n'était qu'un commencement.

Les élections du 1er mai n'eurent point à Bretenoux de caractère politique. Elles furent une question d'assainissement et d'honneur, pour laquelle tous les électeurs honnêtes, sans distinction de parti, marchèrent la main dans la main. Ces braves gens comprenaient qu'après tout ce qui venait de se passer, après toutes les ignominies dont le département tout entier avait retenti, le bon renom de la commune exigeait qu'il y eût quelque chose de changé.

Assurés qu'ils étaient d'avance du succès, ils s'étaient promis de rester calmes et de ne répondre à aucune provocation.

Le maire avait continué jusqu'à la fin le recrutement des électeurs ; l'avant-veille même du scutin, toujours avec l'assentiment de l'ineffable Juge de Paix, deux nouveaux noms furent ajoutés à la liste électorale.... On vit ainsi une commune qui, jusque-là, n'avait guère compté que deux cent quatre-vingt ou deux cent quatre-vingt-dix électeurs, dépasser le chiffre de trois cent cinquante ; après les radiations opérées par ordre, le nombre en fut réduit à trois cent trente-neuf.

Au matin du 1er mai, M. le maire n'était pas tranquille. Après la constitution du bureau dont trois membres sur quatre étaient à sa dévotion, il émit la prétention d'exclure tout le monde de la salle de vote. On discuta longuement et on finit par convenir qu'il y demeurerait seulement deux candidats de chaque liste; mais les candidats de l'opposition furent impitoyablement relégués en dehors de la balustrade, à trois ou quatre mètres de l'urne.

Cette précaution d'éloigner ainsi des témoins importuns leur fit supposer que les opérations pourraient manquer de loyauté, et leur vigilance n'en fut que plus soutenue.

Ils ne tardèrent pas à soupçonner que certains électeurs apportaient deux bulletins au lieu d'un; vers neuf heures du matin, ayant exigé la vérification d'un bulletin apporté par un ami fervent de M. le maire, leurs soupçons se changèrent en certitude, car il fut publiquement constaté que le bulletin était double en effet. Les honnêtes gens sont, de leur nature, fort débonnaires; ils n'exigèrent pas que procès-verbal de ce délit fut dressé.

Cette constatation servit tout de même à intimider les électeurs qui vinrent ensuite; on en vit même quelques-uns, qui se disposaient à voter, sortir précipitamment de la salle, pour aller rectifier leurs positions; à partir de ce moment, les bulletins doubles durent se faire plus rares.

La journée se passa sans incident notable. Au dépouillement du scrutin, le public ne fut pas admis dans la salle; seuls, les candidats purent assister à l'opération.

La liste d'émargement attestait que sur trois cent trente-neuf inscrits, il y avait eu trois cent vingt votants. On trouva dans l'urne trois cent vingt et un bulletins : il n'y en avait qu'un de trop, c'était charmant !

Le dépouillement commença ; un percepteur qui, depuis, a eu des malheurs, était chargé de déplier les bulletins ; on s'aperçut qu'il en dédoublait plusieurs, et de vives protestations se firent entendre à plusieurs reprises...... M. le maire expliquait qu'il arrive ainsi souvent que les bulletins entrent l'un dans l'autre... par hasard !! Ce fut encore par hasard que onze bulletins de la liste d'opposition se trouvèrent tachés et, de ce fait, annulés.

Le nombre des votants s'élevant à trois cent vingt, la majorité absolue était de cent soixante-un suffrages. Malgré les vingt électeurs rayés, les onze bulletins annulés, la liste d'opposition toute entière en obtint de cent soixante-quatre à cent soixante-dix ; celle du maire oscillait entre cent quarante-cinq et cent cinquante-sept ; la débâcle était complète.

Forts de leur succès, les vainqueurs attendaient patiemment et en silence qu'on voulût bien le proclamer. Au dehors, la foule se pressait frémissante..... Elle vit sortir, les uns après les autres, l'oreille basse, les anciens conseillers qui se hâtaient de rentrer chez eux. Si la fortune les eût favorisés, il y aurait eu, dans la salle, des applaudissements et des cris ; ces gens-là ont le triomphe bruyant !... Or, c'était le calme le plus parfait et la foule attendait toujours, mais avec confiance maintenant, tout en se demandant pourquoi le résultat définitif tardait si longtemps à lui être annoncé.

L'ancien maire, blême d'émotion, avait mis la tête dans ses mains..... il réfléchissait ! Après une longue attente, d'une voix étranglée : « Il doit y avoir, dit-il, trop de bulletins, il faut les recompter ! »

Nous l'avions vu à toutes les élections précédentes refuser obstinément de recompter les bulletins, sous prétexte que c'était contraire à la loi, et s'empresser de les livrer aux flammes. Aujourd'hui, c'est lui-même qui demande à les recompter et.... on le laisse faire!

Cette fois les bulletins doubles comptent pour deux : aussi, au lieu de trois cent vingt et un, en trouve-t-on trois cent trente-six.

Il n'est pas nécessaire d'être grand clerc pour deviner ce qui s'était passé! Nous le demandons à tout homme de bonne foi : quand des bulletins doubles sont trouvés dans l'urne, n'y a-t-il pas cent à parier contre un qu'ils n'ont pu y être introduits qu'avec la complicité de celui qui la tient?

Un bulletin double est parfaitement reconnaissable au toucher; il serait souverainement imprudent de le remettre aux mains d'un adversaire; nos amis de Bretenoux ne s'y seraient certainement pas risqués; d'ailleurs, le citoyen qu'on avait pris en flagrant délit, le matin même, n'était point des leurs.

Maître Boyer manqua d'audace, et Dieu sait pourtant s'il en est pourvu! Pourquoi n'osa-t-il pas défalquer les seize bulletins supplémentaires du nombre de suffrages obtenus par ses adversaires, les ajouter à ceux qu'avaient obtenus ses amis et proclamer toute la liste élue? S'il l'eût osé, nos mœurs publiques sont telles aujourd'hui que, malgré les plus légitimes protestations, il est très probable que l'élection aurait été déclarée parfaitement régulière.

Quand on prend du galon, on n'en saurait trop prendre.... Nous le répétons, maître Boyer manqua d'audace! Il n'osa pas se proclamer vainqueur, mais il ne voulut pas davantage signer sa déchéance, et.... il ne proclama rien du tout !

Récapitulons maintenant : Vingt électeurs rayés ou indûment inscrits ; seize bulletins ajoutés frauduleusement ; onze annulés pour signe extérieur, cela fait, en bonne arithmétique, quarante-sept suffrages perdus pour la liste d'opposition ; elle passe néanmoins toute entière avec dix voix de majorité. Il a donc fallu qu'elle en eût cinquante-sept pour n'être pas écrasée — nous ne disons pas pour avoir la victoire, car cette victoire lui est encore contestée.

Un procès-verbal des opérations électorales fut dressé le 1er mai, après le dépouillement du scrutin. Ce procès-verbal, personne n'a pu le revoir, pas même le Conseil de Préfecture, car, comme bien vous pensez, l'affaire fut portée devant lui.

Ah ! s'il se fut agi d'un affreux réactionnaire qu'on eût seulement soupçonné d'avoir faussé le procès-verbal des opérations électorales, d'avoir commis un faux en écritures publiques, quels cris d'indignation nous aurions entendus, et comme le Conseil de Préfecture aurait eu vite fait d'en avoir la preuve, en exigeant la production de ce procès-verbal !.... Dans le cas présent, il n'insista pas outre mesure, et la pièce demeura introuvable !

Mais, en revanche, on produit des attestations d'après lesquelles ce sont ces infâmes réactionnaires, ces pelés, ces galeux, qui ont mis les bulletins doubles ; le docteur Ayroles et le très honorable adjoint M. Vaurs s'entendent accuser d'avoir acheté des suffrages, vingt et cinquante francs !... C'est faux, archifaux..., ni l'un ni l'autre n'en a jamais eu la pensée, mais l'accusation est signée par deux témoins dont je me suis laissé dire que l'un ne sait pas signer du tout!.... La culture du faux est en honneur à Bretenoux... Elle n'y reste pas improductive, hélas!! mais qu'on y prenne garde, elle peut devenir dangereuse.

Le Conseil de Préfecture n'a rien vu... pas même le procès-verbal des élections, et comme le désire maître Boyer, il prononce l'annulation des opérations électorales du 1er mai. — Eh bien! on les refera, c'est tout simple! — Pas tant que vous pourriez croire! Un pourvoi en Conseil d'Etat retardera les nouvelles élections... Ce pourvoi, il ne peut pas le déposer lui-même, puisqu'on lui a accordé tout ce qu'il demandait, mais il a des hommes complaisants qui le déposeront pour lui!....

Six mois se sont écoulés.... La commune de Bretenoux n'a pas encore de Conseil municipal, elle subit, malgré elle, un joug odieux et.... elle attend patiemment le signal de refaire ses élections!....

Dans tout le canton, de braves paysans disent à qui veut les entendre : « M. le Préfet a nommé Boyer maire pour quatre ans! » On le leur a fait croire, et ils trouvent cela tout naturel! On est en République, ou on y est pas, voyons!!

Et voilà comment, sous un régime de suffrage universel, est pratiqué le respect de la volonté populaire!

Parmi les trois ou quatre cents habitants de Bretenoux qui, le soir de mon arrestation, avaient manifesté publiquement leur indignation, onze furent traduits en police correctionnelle et condamnés à deux cents francs d'amende, à huit jours, un mois et trois mois de prison, avec application de la loi Bérenger.

La jeune femme accusée d'avoir enlevé le revolver de la main d'un gendarme, n'ayant pu comparaître pour cause de maladie, fut condamnée par défaut à huit jours de prison, sans sursis ! — La Cour d'appel supprima la prison et lui substitua deux cents francs d'amende, avec sursis.

Quand il sera question d'élever une statue à l'honorable M. Bérenger, l'inventeur de la loi de sursis, la population de Bretenoux souscrira avec enthousiasme, car elle lui doit beaucoup de reconnaissance. Depuis trois ou quatre ans, les condamnations pleuvent sur elle, dru comme grêle, mais comme ceux qui en sont frappés sont toujours de braves gens, sans antécédents judiciaires, la loi Bérenger les sauve de l'amende et de la prison !

Cet excellent M. Bérenger ! Il avait sans doute prévu que les citoyens honnêtes auraient besoin de ce préservatif !.... A moins qu'il n'ait voulu fournir aux magistrats le moyen de contenter tout le monde, en prononçant, sans trop de remords, des condamnations qu'ils savent devoir demeurer sans résultats. Il est très probable que, sans la loi de sursis, nos juges seraient moins prodigues d'amendes et de jours de prison ; ils y regarderaient à deux fois, avant de condamner des gens d'une honorabilité universellement reconnue, si leurs jugements devaient être pleinement exécutés !

Parmi les condamnés du tribunal correctionnel, quatre l'avaient été à trois mois de prison, et, malgré le sursis, cette condamnation entraînait pour eux la privation de leurs droits civils, pendant cinq ans.

Maître Boyer ne l'ignorait pas; il s'était empressé de réclamer leur radiation de la liste électorale. Lui qui, deux ans avant, avait fait un électeur d'un individu dont le casier judiciaire ne portait que sept ou huit condamnations, ne supportait pas l'idée que ces quatre condamnés pussent déposer dans l'urne un bulletin de vote ! Il lui fallut pourtant bien déchanter, car l'appel est suspensif, et, comme bien l'on pense, appel avait été interjeté devant la Cour d'Agen.

Ces condamnés n'avaient point des mines de bandits.... Il y avait un conseiller municipal, honoré lui aussi des suffrages, et des suffrages libres et loyaux de ses concitoyens; un excellent père de famille de soixante-six ans, parfaitement inoffensif; mon jeune sacristain, qui avait si bravement découvert sa poitrine devant le revolver du gendarme, et son père, vieillard de soixante-quinze ans. Celui-ci, vieux soldat du second Empire, présenta sa défense en termes émouvants : — « J'ai servi mon pays, dit-il, pendant trente-sept ans; j'ai passé sept ans sous les drapeaux; j'ai fait la campagne de Crimée, voici mon livret militaire... il est intact !.... J'ai été, pendant trente ans, facteur des postes, toujours dans la même tournée ! On ne m'y aurait pas laissé si longtemps, s'il y avait eu des plaintes contre moi ! Je n'ai jamais reçu un reproche de mes chefs.... Le soir de l'arrestation de M. le curé, je vis un gendarme braquer son revolver sur la poitrine de mon fils.... Mon premier mouvement fut de me porter, un peu brusquement, je l'avoue, entre le revolver et mon fils, en disant au gendarme : — Je suis assez vieux pour faire un mort ! s'il vous faut du sang, prenez le mien ! Voilà mon crime !.... C'est pour cela que je suis condamné à trois mois de prison !.... C'est triste, allez, messieurs les juges, après une vie de brave homme comme la mienne, de voir venir la mort avec une pareille condamnation sur le dos !... » *(sic)*.

La peine fut réduite à un mois de prison, toujours avec sursis.... L'exercice des droits civils était sauvé.

Mais j'imagine que les magistrats de la Cour d'appel durent penser, dans le plus intime de leur âme, qu'un mois de prison c'était encore beaucoup pour le crime qu'on venait de leur raconter !

Pendant la deuxième journée des débats devant la Cour d'assises, tandis que plus de cinquante témoins, d'une honorabilité incontestée, apportaient les uns après les autres les preuves de l'ignominie de mes accusateurs, du complot, dont on peut suivre la marche depuis le 15 août précédent, et dont les auteurs étaient si clairement désignés que, dans toute la région, on les montre encore aujourd'hui du doigt avec horreur, l'avocat général ne cessait de s'écrier : « C'est terrifiant ! C'est terrifiant ! »

Eh bien, oui, il y a eu dans l'affaire de Bretenoux quelque chose de véritablement terrifiant, mais ce n'est pas ce que pensait l'accusateur public.

Que dans une agglomération d'un millier d'habitants on puisse trouver une dizaine d'affamés capables de céder à des sollicitations pressantes, appuyées de promesses dorées pour l'avenir et de largesses extraordinaires dans le présent, avec les mœurs nouvelles qu'on est en train de nous faire, il n'y a là rien de bien étonnant. Quelle est la commune tant soit peu importante qui oserait se vanter qu'on ne trouverait pas dans son sein un nombre plus ou moins considérable de ces hideuses recrues, s'il s'y rencontrait un chef qui voulût les embrigader et les soudoyer ?

Ce qu'il y a de terrifiant, c'est que, sur la foi d'une lettre anonyme, sur la seule déposition d'un homme que l'on savait, par tout ce qu'il avait déjà fait contre lui, vouloir se débarrasser à tout prix d'un prêtre dont l'influence le gênait, ce prêtre, ce curé, entouré depuis quinze ans de l'estime de ses paroissiens, payé par eux, à défaut de son traitement injustement supprimé, ait pu être arrêté comme un criminel, mis au secret pendant quarante-cinq jours et traîné en Cour d'assises !

Ce qu'il y a de terrifiant, c'est que ce monstrueux abus de pouvoir se soit perpétré sans qu'une enquête tant soit peu sérieuse ait été faite sur la moralité, les antécédents des accusateurs, sans que l'inculpé lui-même ait été prévenu et qu'on lui ait donné le temps de réunir les preuves irrécusables de son innocence !

Ce qu'il y a de terrifiant, c'est que ces preuves aient pu être produites, soit par les dépositions de cinquante témoins qui avaient surpris dans les propos tenus par les accusateurs ou par leurs parents les motifs qui les poussaient au mensonge, soit par le registre paroissial, document officiel qui n'avait pas été fait pour la circonstance, sans que ces malheureux et surtout leurs suborneurs nommément désignés aient été le moins du monde inquiétés !

Voilà qui est terrifiant, M. l'avocat général !

L'impunité, j'allais presque dire la protection, assurée à ces criminels d'un nouveau genre, voilà qui est de nature à faire trembler les honnêtes gens !

De pareilles mœurs nous ramènent à l'état sauvage. Que dis-je ? Dans l'état sauvage, si le plus faible succombe, il a au moins pu essayer de se défendre et peut-être même a-t-il pu châtier, avant de mourir, quelques-uns de ses agresseurs ! Mais comment se défendre contre cette force brutale et puissante entre toutes, qui s'appelle la Loi ? Oh ! la Loi qui est l'expression de la Justice mérite d'être respectée ; mais il faut qu'elle le soit autant, sinon davantage, par ceux qui ont mission de l'appliquer que par ceux qui doivent la subir.... S'il en était autrement, la Loi ne serait plus que l'instrument de la plus redoutable tyrannie !

La paroisse de Bretenoux a été profondément troublée par l'horrible événement dont nous venons de retracer les émouvantes péripéties. Les honnêtes gens ont ressenti une grande humiliation de ce qu'il ait pu se trouver, à côté d'eux, des hommes capables d'entreprendre et d'essayer de mener à bonne fin une besogne si répugnante ; ils ne la ressentent pas moins en voyant encore les entrepreneurs de scandales marcher la main dans la main avec les accusateurs, et les couvrir publiquement de leur protection, même après qu'ils ont été contraints d'avouer qu'ils avaient menti ou *qu'ils s'étaient trompés.*

Dans des temps moins troublés que le nôtre, une pareille attitude ne serait pas sans danger, car on pourrait vouloir en connaître les motifs. Ce qui se passe ici, depuis mon retour, au vu et au su de tout le monde, est très significatif pour qui ne veut pas s'obstiner à fermer les yeux pour ne point voir et les oreilles pour ne pas entendre.

Quand on a fait un premier pas dans l'ignoble, il doit être bien difficile de revenir en arrière.... Laissons ces malheureux dans la honte en laquelle ils semblent se complaire, en attendant que sonne pour eux l'heure de la justice !

Par son indignation de la première heure, par l'héroïsme de son dévouement, par la générosité de ses sacrifices, par l'intelligence dont elle a fait preuve pour la défense du droit et de la vérité, la population de Bretenoux a sauvé l'honneur de son curé et le sien. Un long cri d'admiration s'est élevé de tous les points du diocèse quand on a appris ce qu'elle avait su et voulu faire : « Oh ! les braves gens ! les braves gens ! » disait-on partout, et nombreux sont les prêtres auxquels nous avons entendu répéter : « Si pareil malheur m'arrivait, trouverais-je, dans ma paroisse, de tels dévouements pour me défendre ? »

Le curé de Bretenoux n'a rien eu à changer à sa manière de parler et de faire. Il est rentré dans son église où il a la consolation de voir se grouper autour de lui, avec un empressement touchant, les chrétiens fidèles ; il y attendra patiemment les autres, avec des pensées de miséricorde et de pardon.

Il y a pourtant quelque chose de changé en lui.... On ne subit pas impunément une si rude épreuve !

« Certains accidents de la destinée, a écrit un de « nos accadémiciens qui possède une profonde connais- « sance du cœur humain, ressemblent vraiment à ces « cataclysmes au sortir desquels l'homme qui en ré- « chappe devient, en quelques heures, un individu nou- « veau. La secousse nerveuse et sentimentale à la fois « a été trop forte.... Il avait vingt-cinq ans ce matin, « maintenant il en a soixante, il en a cent. Il se jouait « de lui-même et de la vie. Elle l'a ébranlé jusqu'à son « arrière-fond. Son insouciance est aussi finie que sa « jeunesse.... Ces facticités s'effacent d'un coup. Elles « s'anéantissent par l'entrée en lui d'une impression si « si forte, si mordante, que rien n'a plus de saveur à « côté. »

C'est bien cela !... L'impression a été si forte au cœur du prisonnier de Figeac et de Cahors qu'après six mois de liberté reconquise, il ne lui est encore jamais arrivé de se mettre à une fenêtre, sans songer qu'elle n'avait point de barreaux, pas plus que de dire : — Entrez ! quand on a frappé à la porte de sa chambre, sans se souvenir des serrures et des verrous de la prison....

Sa sensibilité a subi, elle aussi, une remarquable transformation. Un manque d'égards, une insulte, un outrage quelconque le laissent parfaitement indifférent, tant il se sent désormais au-dessus de toutes ces misères. La moindre attention, au contraire, le moindre témoignage de sympathie l'émeuvent profondément et font monter des larmes à ses yeux. Il a été si abreuvé d'amertume, il a dû supporter tant d'humiliations qu'il sent davantage la douceur de l'amitié et le prix de l'estime qu'on veut bien lui donner.

Grâces à Dieu, il n'a pas à se défendre contre des pensées de haine ou de vengeance. Il ne déteste même pas ses persécuteurs et ne désire que de les voir rentrer dans une voie meilleure; mais il aime plus vivement tous ceux qui ont partagé ou adouci son épreuve. Il sent qu'il a contracté vis-à-vis d'eux une dette dont il ne pourra jamais se libérer. Comment leur rendrait-il la sollicitude, l'affection, le dévouement dont il a été l'objet de leur part ?... Qu'ils sachent du moins que leurs noms sont gravés bien avant dans son cœur ! Si, par un sentiment de délicatesse qu'on n'aura pas de peine à comprendre, il ne les dénonce pas ici, il les redira souvent à Dieu qui seul les peut dignement récompenser.

« La souffrance affermit le courage », a dit l'apôtre Saint-Paul. Quand on a beaucoup souffert, on n'a plus peur que de Dieu. Quelles que soient maintenant les épreuves qui m'attendent encore, elles ne m'abattront pas, car j'ai subi l'épreuve suprême, au-dessus de laquelle il ne peut en être aucune de pire pour un prêtre.

Le grand avantage de la persécution c'est de susciter les courages et de réveiller les énergies. C'est pour cela, sans doute, que Dieu la permet contre son Eglise, pour la rendre plus forte. Le prêtre de J-C n'a donc pas à trembler devant les menaces de l'avenir. Saint-Paul ne nous dit-il pas encore : « *Cum infirmor, tunc potens sum !* C'est quand nous aurons souffert que nous serons puissants ».

D'ailleurs, Dieu qui connaît notre faiblesse saura toujours mettre la consolation à côté de la peine. Sa bonté est ingénieuse à procurer de magnifiques dédommagements. Après m'avoir fait boire, à longs traits, au calice d'amertume que j'ai dû épuiser jusqu'à la lie; après avoir permis cette agonie durant laquelle je faillis succomber, à la pensée qu'on pourrait douter de moi et croire aux accusations dont j'étais accablé, il a inspiré à mes vénérés confrères du diocèse de Cahors la délicate pensée de m'offrir un calice d'un tout autre genre, que je porterai, tous les jours, à l'autel, et qui sera, entre mes mains, comme un témoignage perpétuel de cette estime à laquelle j'attachais un si grand prix.

Il me rappellera l'épreuve, car il porte gravées sur émail, les deux dates de mon arrestation et de mon acquittement : « *31 janvier — 16 mars 1904.* » Il me redira aussi les espérances que j'ai le droit d'en concevoir, par l'inscription qui entoure la coupe : « *Beati qui persecutionem patiuntur propter justitiam !* Bienheureux ceux qui souffrent persécution pour la Justice ! »

AVIS AU LECTEUR

En offrant ce petit travail au public, nous n'avons pas voulu faire une œuvre de haine ni de rancune, mais seulement une œuvre de Justice.

Il nous a paru que le silence résigné des victimes est un encouragement dangereux aux entrepreneurs de scandales, dont il assure l'impunité.

Ces ouvriers d'iniquité sont connus ; leurs noms sont sur toutes les lèvres ; pourquoi faut-il que seule la justice s'obstine à vouloir les ignorer ?

Non point par esprit de vengeance, mais dans un but d'assainissement moral, nous voulons démasquer tous ces misérables, et, en les faisant châtier comme ils le méritent, rendre impossible leur action malfaisante.

Puissions-nous contribuer ainsi à épargner à d'autres l'horrible épreuve que nous avons subie nous-même.

L'œuvre, nous le savons, sera difficile, elle sera coûteuse.

Bien qu'il soit entendu que la justice est gratuite en France, personne n'ignore que le moindre procès est ruineux !

Nous avons été déjà officiellement avisé qu'on nous laisse le soin de poursuivre, « devant la Cour d'Assises, à nos frais, risques et périls », *le faux témoin, même après qu'il a dû avouer son mensonge.*

Ces poursuites ne sont pas à la portée de toutes les bourses !

Eh bien! va, petit livre, va dire à tous nos confrères de France à quel danger ils peuvent être exposés ; pénètre dans la maison du riche et dans la chaumière du pauvre, et reviens-nous en bonnes espèces, qui nous permettent de poursuivre, comme on nous y invite, « à nos frais, risques et périls », *non pas ces malheureux accusateurs pour lesquels nous n'éprouvons qu'une profonde pitié, mais* **les suborneurs criminels** *qui les ont poussés dans la voie du mensonge, au risque de leur imprimer une flétrissure dont un repentir sincère et efficace pourra seul les laver.*

L. D.

Bretenoux, 26 septembre 1904.

TABLE DES MATIÈRES

CAHORS. — SOCIÉTÉ ANONYME D'IMPRIMERIE CADURCIENNE

www.ingramcontent.com/pod-product-compliance
Ingram Content Group UK Ltd.
Pitfield, Milton Keynes, MK11 3LW, UK
UKHW020550180726
13838UKWH00001B/157